www.tredition.de

AF141809

Christian Gera

1 MIO Blogger-Tipps

Klar. Einfach. Schritt für Schritt. Mehrwert. Für bessere und erfolgreichere Blogs.

www.tredition.de

© 2018 Christian Gera
Firma Bloggerherz/Freizeitcafe

Verlag und Druck: tredition GmbH, Hamburg

ISBN
Paperback: 978-3-7469-6147-7
Hardcover: 978-3-7469-6148-4
e-Book: 978-3-7469-6149-1

Lektorat & Umschlaggestaltung:

MS-Design, Melanie Stadelbauer

„Und wenn wir unser Glück teilen, werden die guten Zeiten nie zu Ende gehen!"

Verfasser unbekannt

Inhaltsverzeichnis

Ich danke mit diesem Buch all denen, die immer an mich geglaubt haben, meiner Familie, meiner Liebe & den Bloggerherzen da draußen, die mich jeden Tag auf´s Neue begeistern & inspirieren

Vorwort

„Wenn es so ist, daß wir nur einen kleinen Teil von dem leben können, was in uns ist – was geschieht mit dem Rest?" (Pascal Mercier)

... ich beglückwünsche Dich, dass Du dieses Buch hier in den Händen hältst. Du und ich streben nach Selbstverwirklichung. Ein Phänomen in einer neuen, digitalen Zeit: Zum ersten Mal seit Jahrhunderten können wir mit dieser Technik dem nachgehen, was uns wirklich erfüllt. Die Entscheidung für einen, für DEINEN Blog- ist eine mächtige Waffe, dass Deine Stimme und Deine Leidenschaft sichtbar wird. Nutze das.

Zeige Dich und Deine Geschichte liebes Bloggerherz. Und denke daran:

„Wenn Du liebst, was Du tust, wirst Du nie wieder in deinem Leben arbeiten." (Konfuzius)

„Derjenige, der mit Tinte schreibt, ist nicht zu vergleichen mit demjenigen, der mit seinem Herzblut schreibt." (Khalil Gibran)

„Niemand erinnert sich später an den Typen, der es nur versucht hat." (Dirk Kreuter)

Das ist wohl genau das, was mich antreibt. Sobald man beginnt zu bloggen, verändert sich alles ...

Es ist wirklich so. Du als Person siehst die Dinge, die um Dich herum und in Deiner Welt passieren, in einem ganz anderen Licht. Zuweilen auch aus einer Art Vogelperspektive.

Als erstes wächst bei Dir die eigene Aufmerksamkeit gegenüber anderen Massen-Medien. Wer selber schreibt, der will auch wissen, was und wie die anderen publizieren. Der Rundfunk, das Fernsehen, ein Podcast, die Zeitungen sowie andere Blogs und Leserkommentare werden wichtiger für Dich.

Das politische Tagesgeschehen, der Tweet auf Twitter, die Artikel der großen Zeitungen (wenn diese bis dahin noch überleben) - der Nonsens- Post auf Facebook, Dein eigenes privates Erlebnis, Herzschmerz, Lebenserfahrung, Enttäuschungen, Wut, Ärger, Gemütslage- all das kann ein "Anreiz" sein, dass Du Dich hinsetzt, und soeben diesen einen Artikel schreibst — eben weil es Dich beschäftigt. Plötzlich beschäftigt das auch andere. Eine Diskussion erwächst.

Schlampige Recherchen in den Nachrichten, unsinnige TV-Reportagen und Sendungen, halbherzige Berichte hier und da, Oberflächlichkeit, die Gleichförmigkeit einer öffentlichen Berichterstattung - der Wunsch nach der eigenen, tiefgründigen, ehrlichen Recherche packt Dich, verfolgt Dich und Dein Leben ab sofort. Ein Antriebsmotor – ein Geschenk! Zeit-gleich aber auch ein Fluch.

Du saugst das Geschenk – die Information – auf wie ein Schwamm, filterst sie, umgibst Dich mit all jenen unzähligen Quellen& Expertisen- bis es Deine eigenen Hirnblitze "verstanden" haben! Jetzt ist es da: das Thema! Dein Thema! Plötzlich weißt Du, was Du den Menschen dort draußen sagen willst- was Du Ihnen sagen musst. Und dann…. beginnst Du zu schreiben….

Der Fluch des Bloggens ist, dass Du ruhelos werden und niemals abschalten kannst. Auch ich habe das als Berufs-blogger oft an mir selbst bemerkt. Und ich habe gelernt es zu vermeiden: Ein digitales Burnout.

Du wirst wachsen mit Deinem Blog. Teile Dir Deine Schreib- und Social-Media- Arbeit gut ein- mit vielen Pausen für Dich und Deinen Kopf. Zeige den anderen Deine unendliche Kreativität; aber behalte Dir vor allem Dein Feuer, damit Du „das schreiben" als starke Waffe sinnvoll nutzen kannst.

Streben nach Selbstverwirklichung
- Die Macht der Veränderung kommt in Gang

Die tagtäglichen Recherchen machen einen selbst immer mehr zum "Experten" der Themen, mit denen man sich regelmäßig befasst. Hinzu kommt die Geschwindigkeit – ein wichtiger Faktor beim Bloggen: denn die Geschwindigkeit, mit der man eine Nachricht, ein Statement & vor allem eine Entwicklung/ einen Trend einordnen kann, erhöht sich mehr und mehr.

Je länger Du bloggst, desto besser und schneller wirst Du.

Bei mir hat aufgrund eines Blitz-Artikels sogar mal Domian aus dem TV Danke gesagt :-) Kuriose Geschichte, die Ihr gerne hier nachlesen könnt:

http://www.freizeitcafe.info/wir-haben-ein-riesen-problemdomian-mehr-als-15-min-auf-stumm-ge-schaltet-wenn-die-technik-einen-verlasst/

Mein Artikel mit jenem Foto hing dann dort sogar im Radio- Studio an der WallOfFame ☺

Geschwindigkeit und „schneller als die Anderen" zu sein- ist also auch ein Anreiz beim Bloggen. Das Thema? Habe ich gestern schon abgefrühstückt; schneller als die Zeitung :-)

Der/die hat dazu noch abgeschrieben von mir? War der Artikel wohl gut:-) Der Wettbewerb wächst — aber das ist nicht das Wichtigste.

Das Wichtigste beim Bloggen

Man soll zu sich und seinen Aussagen stehen & die eigene Urteilsfähigkeit und die Sicherheit, mit der man seine Standpunkte vertritt, "wachsen lassen." Gib Dir selbst Raum!

Die Meinung anderer respektieren lernen- aber auch seinen eigenen Standpunkt vertreten können. Man ist ja jetzt ein "Experte." Man weiß Etwas & Wissen ist Macht. Und Wissen ist die einzige Ressource, die sich bei "Gebrauch" vermehrt.

Der Umgang mit Sprache wird durchs Bücher lesen und Bloggen zudem geübter und souveräner. Das Schöne: Mit jedem einzelnen Leser wächst das Gefühl, dass man einen regelrechten "Auftrag" hat — ja eine "Berufung", sich mit Themen auseinanderzusetzen & selber darüber zu berichten.

Ein echtes Blogger-Herz hängt an den Dingen & hat zudem eine Menge Fleiß-Arbeit vor sich. Tagtägliches neues Motivieren gehört dazu. Manchmal fühlt man sich nicht so- hat keine Lust. Auch das ist all zu menschlich. Immer wieder aufstehen, sich wieder hinsetzen und kreativ zu schreiben, will gelernt sein.

Und ich bin schon ein klein wenig stolz darauf, dass ich in den knapp 8 Jahren nun nahezu jeden Tag berichtet, geschrieben und gepostet habe. Für Euch, für mich und vor allem mit Euch. Dafür sage ich jetzt jedem einzelnen Bloggerherz da draußen DANKE!

Es ist ein unbeschreibliches Gefühl, wenn man bloggt und sich dabei "berufen" fühlt!

Da schreibt man beispielsweise seinen Lesern und Fans zurück – sehr kritische Gegenüber. Die eigene Haltung wird grundlegend verändert, und nochmals überprüft. Habe ich Fehler bei der Recherche gemacht? Hätte ich das Ganze besser schreiben können? Auch das kommt beim Bloggen vor.

Kein Mensch ist perfekt. Man entschuldigt sich dann in der "Bloggerherzfamilie" (danke an Theresa für dieses schöne, geflügelte Wort), stellt die Dinge richtig, updatet, ergänzt & hat dann den Ansporn, mit dem nächsten Bericht alle so richtig aus den Socken zu hauen. Den besten Artikel seines Lebens zu schreiben. Oder halt auch den nächsten Shitstorm zu ernten. Die Grenzen sind dabei oft fließend.

Es entsteht in Dir das Gefühl, eine " Verantwortung" zu tragen!

Andere verlassen sich auf die Informationen, die man vermittelt. Sie erwarten etwas von Dir – aber noch schöner: Dein eigenes Urteil fließt in die "Meinungs-bildung" anderer ein. Das Wort Influencer (wobei die meisten dort leider nur an „Foto-Poser" denken) trifft dieses Gefühl eigentlich nicht, genauso wenig wie „Meinungsmacher" (das ist so negativ belastet).

Wie wäre es mit Vorbild?

Ja genau- viele Blogger sind Vorbilder für andere. Und jeder Mensch braucht Vorbilder, an denen man sich (wenn die Vorbilder es ehrlich meinen) auch orientieren kann und sollte.

Ich als Person und meine Meinung ist folglich wichtig für andere. Anerkennung, Aufmerksamkeit, Respekt…all dies kann zufließen, wenn man losgelöst von Beschränkungen & mit Herz und Können/Expertise schreibt – wenn nicht, erntet man anderes – einen Shitstorm zum Beispiel!

Das Publikum ist knallhart. Das wirst auch Du noch merken. Aber auch der Shitstorm wird Dich und Deine Arbeit besser machen! Du musst fallen, um besser zu werden!

Kurzum: Deine investierte Zeit (und das wird eine Menge sein), Deine Arbeit, Deine Schlussfolgerungen und Deine Standpunkte haben eine Wirkung auf die Meinung anderer Menschen!

In dem Moment, in dem Dir DAS klar wird, hat sich Dein Unmut über viele lapidare Dinge längst in Aktion verwandelt. DU veränderst ab heute die Welt- oder zumindest Deine Welt/Deine Mitmenschen/Deinen Bereich, in dem DU Dich auskennst!

Du hast ein Sprachrohr durch Deinen Blog - sage es den Menschen dadurch! Ein Sprachrohr- weit noch über die Virtualität des Social-Media hinaus.

Du fängst an zu schreiben & das, was Du schreibst, geht hinein in die Köpfe, Gedanken und Herzen der Menschen.

Und genau diese Herzen – die Interessierten und die Schreiber- brauchen eine Plattform zum gegenseitigen Austausch, um sich zu helfen & weiterzukommen in dem, was sie tun.

Ich selbst hatte und habe immer noch viele Fragen- man lernt beim Bloggen nie aus. Geboren war aus diesem Gedanken heraus das Bloggerherz. Anderen helfen zu wachsen. Als Person und gemeinsam mit dem eigenen Blog. Eine tolle Bloggerherz-Familie/ ein riesiges Netzwerk ist daraus entstanden.

Es wächst aber noch etwas anderes in Dir:

Du wachst aus dem Gefühl einer Hilflosigkeit und Starre auf und stellst fest, dass es nur eine Illusion ist, NICHTS tun zu können. Du kannst etwas tun! Nicht mit dem stupiden Verbreiten von Fake News; nicht nur hinter dem Bildschirm hockend im stillen Kämmerlein – sondern über Deinen PC und Deinen eigenen Tellerrand hinaus hast DU mit einem Blog die

Möglichkeit und die Chance, die Welt zu verändern! Tue Gutes für Dich und Deine Mitmenschen!

Du denkst das sind nur hohle Phrasen? Du willst ein Beispiel aus dem realen Leben? Herzlich gerne, das gebe ich Dir:

Ich habe durch meinen Blog freizeitcafe.info und mit einer Online-Petition darin den geplanten Abriss eines ganzen Stadions, die Eliminierung eines über 100 Jahre alten Fußballvereins, verhindert .

Hiermit konnte in der Folge die „grüne Lunge" bzw. die Freizeitmöglichkeit vieler Anwohner/Schulkinder/Sportler dort gerettet werden.

Das offline- Ergebnis war überwältigend:

Wir hatten durch jene Online-Initiative von Bloggerherzen am Ende über 2300 Unterstützer, Unterzeichner und tausende positive Stimmen zu dieser Aktion im ganzen Ruhrgebiet gesammelt. Ein gemeinsames Feuer entfacht. Dazu wurden wir final sogar zum Oberbürgermeister Duda nach Herne eingeladen …

Grafik: © Christian Gera freizeitcafe.info

Beweisfoto beim Oberbürgermeister, dem ich ein gedrucktes Buch zu unserer starken Aktion überreichte. Sogar eine komplette Bürgerinitiative mit vielen Anhängern, die sich zum Sport treffen wurde daraus geboren.

Die ganze Geschichte kannst Du hier nachlesen:

http://www.freizeitcafe.info/online-buergerinitiative-horststadion-war-ein-voller-erfolg/

Und hier:

http://www.freizeitcafe.info/termin-beim-oberbuergermeister-zur-petitionsuebergabe-horststadion/

Fazit: Nutze die "Digitale Gesellschaft 4.0" für Dich und Andere

Denn: Die digitale Welt wird in so ziemlich allen Lebens-bereichen auf uns zukommen. Ob wir wollen, oder nicht.

Es ist schon lange nicht mehr „Neuland", sondern es ist unsere digitale Zeit. Und diese ist voll von großen gesellschaftlichen, beruflichen, sowie ideellen Möglichkeiten und neuen Chancen!

Vergessen wir bei dieser rasenden technischen Entwicklung aber nicht unsere Mitmenschen:

Denn Deine Mitmenschen, Freunde, Familie, das Leben selbst sind die wahren Helden Deiner real-erlebten,

eigene Lebenszeit - die wirklichen Lebensmomente sind das Wichtigste, was du hast!

Es gibt nichts Gutes – außer man tut es! Also schreibt weiter & erreicht die Herzen! Viel Erfolg und weiterhin Freude bei Bloggen, Ihr Lieben! Dieses Bloggerherz Lifetime Ebook eines echten Bloggers soll Euch ein Mehrwert sein, und Euch unterstützend auf Eurem Weg zur Seite stehen!

Dieses Buch wird hier so lange ergänzt, bis wir am Ende weit mehr als 1 Mio. Bloggertipps & Tricks, (auch durch Eure Unterstützung), zusammen haben. Dafür gibt es den Online-Zugang.

Vielen Dank, dass Du mit Deinem Kauf des Buches vor allem uns Blogger unterstützt. Ein Teil davon

geht immer in eine gemeinsame Gruppenkasse für Blogger- & Instagram - Treffen von Bloggerherz.

Über mich

Mein Name ist Christian Gera. Ich blogge bereits seit 2011 und habe seitdem für mich, für diverseste Zielgruppen und Kooperationspartner zu diesem Zeitpunkt jetzt weit über 2000 Blogartikel geschrieben.

Dabei habe ich viel erlebt, gesehen, mir die Finger wund geschrieben, mir einen „Kopf gemacht", durchgestanden, Shitstorms erlebt und angeheizt, gegründet, gewonnen, geliebt, verloren, geweint, gelitten, gelacht – aber vor allem & das ist das Wichtigste: Durch und mit meinem Blog viel dazu-gelernt.

Ich bin gewachsen, und mein damals noch „Blog-Baby" **Freizeitcafe.info** mit mir. Mittlerweile (auch wenn es lange gedauert hat) kann ich vom Bloggen und meinen Einnahmen **nur** aus selbstständiger Arbeit leben. Die Geschichte hinter Freizeitcafe & Bloggerherz kann man auch **hier nachlesen**:

http://www.freizeitcafe.info/die-geschichte-von-freizeitcafe-bloggerherz/

Bis dahin aber war es ein harter und steiniger Weg, den ich Euch wenigstens in Teilen, und durch reichlich Erfahrung, erleichtern will. Das Schreiben hat eine enorme Macht, ist Ausdruck und Abbild und

Selbstverwirklichung – wer das für sich selbst einmal entdeckt hat, kann mit diesem Buch hier sehr viel anfangen.

Ihr merkt: Ich habe einen ganz persönlichen Bezug zum Schreiben und zum Bloggen.

Soviel zum Jetzt; die Zeitreise, wie ich das Schreiben fand- begann aber natürlich viel viel früher.

Wie alles begann

Schon in der Grundschule war mein damaliger Lehrer mein größter Fan, weil ich Märchen mit meiner „Phantasie" zu ganz anderen Wendungen und höchst-kreativen Endungen brachte. Aus tiefster Seele bereitete es mir schon damals immens viel Freude, wenn ich meine „Geschichten", vollgespickt mit Phantasie, den Anderen „mitteilen" durfte. Ein Fantasyroman liegt heute noch aus dieser Zeit in meiner Schublade (wohl auch ein Merkmal eines Schriftstellers/Bloggers eben: „etwas" hat man immer noch in der Schublade, man schreibt immer weiter; oft über Jahre hinweg, bis etwas gut genug ist- und manches erscheint nie…)

Eines vorweg: ich war ein sehr ruhiges, stilles Kind & ich liebte es, immerzu dicke Bücher regelrecht zu verschlingen. 800 Seiten an einem Wochenende? Das stellte für mich kein Problem, gar Hindernis dar. Das hat meine Kreativität zum Explodieren gebracht. Klar

habe ich auch draußen mit den Anderen Fußball ge-
spielt. Aber zu lesen empfand ich einfach noch schöner für mich.

**Es war wie ein Gefühl auf einer Burg der totalen
Ruhe zu sein – auf der sich meine Seele entfalten
und fliegen konnte wohin sie wollte. Ich denke, dass
dies der ausschlaggebende Punkt für alles war.**

Im Laufe meines weiteren Lebens- sei es denn in
Schule/privat/beruflich oder in der Ausbildung zum
Fach- Buchhändler & später auch im Marketing Stu-
dium- entdeckte ich immer wieder mal diese Facette
- und wieder andere diese Begabung an/in mir.

Deshalb erschuf ich irgendwann, eigentlich recht spät
(es war das Jahr 2011) meinen Blog Freizeitcafe. Das
war der Tag, an dem sich alles änderte. Ich hatte endlich ein Ventil, meinen Gedanken freien Lauf zu lassen. Warum der doch recht merkwürde Name Frei-
Zeit-Cafe der Blogname wurde, könnt Ihr hier nachlesen (es sollte der Blog zu einem Freizeit-Netzwerk
mehr offline statt online werden, welches später
kläglich mit reichlich Schulden scheiterte). Das findet
Ihr auch in meiner Blog-Geschichte.

**Heute weiß ich eines: Dass ich mit diesem Hang zur
Schreibe/zur Selbst-Verwirklichung nicht alleine bin**
☺

Deshalb habe ich auch bereits (zu diesem Zeitpunkt) an die 1000 Blogger-& Instagrammer-Interviews geführt & mich mit dieser bunten Schreiber-/Influencer- Welt gehörig vernetzt.

Verbunden durch Bloggerherz sind es bereits tausende Schreiber. Manche „Interviewten" sind mittlerweile tolle Buchautoren, führen Firmen, sind Schauspieler und/oder Berufsblogger geworden- wie ich.

An diesem „Wissensschatz" von nunmehr knapp 8 Jahren Bloggen möchte ich **DICH** nun teilhaben lassen.

Vielen Dank, dass Du mein Ebook gekauft hast & wir uns somit vernetzen für eine bessere Schreibe/r-Welt da draußen.

Du bist dabei **DICH** zu verwirklichen mit Deinem Blog – ich gratuliere Dir dazu. Und auch wenn Du schon Vollprofi - und Vollblut-Blogger/in bist; man lernt nie aus & das Bloggen selbst wie das Leben auch „lebt" von ständiger (auch technischer) Weiter-Entwicklung und Verbesserungen in den Dingen, die Du liebst und tust.

Wie sagt man so schön?...

„Dein Weg beginnt dort, wo Du aufhörst anderen zu folgen."

Via Social Media & unter Bloggern gegenseitig kannst Du gerne folgen- bloß Dein Lebensweg/Deine Art muss einzigartig sein. Zeige das! Ich nehme Dich an die Hand. Lass uns anfangen mit Deiner Selbstverwirklichung

Dein Christian Gera

Das Mediakit

MEDIA KIT 2018

Wer ich bin

Christian Gera, wohnhaft in Bochum.
Gelernter Buchhändler & Marketing Fachwirt.
Seit 2011 Blogger, Instagrammer/Influencer,
Online Marketer & Erschaffer/Autor von digitalen
Infoprodukten und starken Communities.

Meine Mission

Ich will bis 2025 insgesamt 10.000
Blogger/innen/Instagrammer interviewen.

Zudem will ich die Blogger-Community
Bloggerherz in Deutschland als DIE No1
etablieren.

Meine Vision

Alle Blogger-innen zu vernetzen für eine bessere,
gemeinsame Zukunft mit viel Herz.

+2100
VERÖFFENTLICHTE
BLOGARTIKEL AUF
WWW.FREIZEITCAFE.INFO

+2500
BEREITS VERNETZTE
BLOGGER/INNEN VIA
WWW.BLOGGERHERZ.DE

+19000
FOLLOWER UND FANS UND
ABONNENTEN VIA SOCIAL
MEDIA, NEWSLETTER &CO.

Hier siehst du einen Ausschnitt, wie ein Mediakit aussehen kann oder
Erfahrungsboxen auf der nächsten Seite, die immer wieder im Buch
auftauchen...

Du brauchst als Blogger/in oder Instagrammer/in unbedingt ein MediaKit! Das ist ein kurzer Überblick über Dich, über Deine Person, Deine Kanäle und Dein Leistungsspektrum

Warum brauchst Du das? Weil Du (noch) unbekannt bist – und auch wenn Dich schon viele kennen, kennt Dich noch lange nicht jede/r. Dafür ist unsere Welt einfach zu groß.

Wenn Du einen Menschen im echten Leben kennenlernst, entscheidest Du innerhalb der ersten Sekunden (!) ob er/sie Dir sympathisch ist. Deshalb achte zunächst auf ein sehr gutes Foto und ein sehr gutes Design Deines Kits. Stelle Dich als Person in den Vordergrund, zeige Deine Expertise, bringe alles kurz und knackig auf den Punkt. Der Kunde beurteilt Dich nämlich (oft) danach- und das bringt Dir dann wiederrum Aufträge ein.
Es geht also um Wiedererkennung und Einzigartigkeit. Genauso funktioniert das auch hier beim MediaKit- nur eben digital. Mache das Beste aus Deiner digitalen Visitenkarte im Netz – um real das Beste für Dich herauszuholen. So einfach ist das. Am besten kreeirst Du Dein MediaKit auf canva.com.

Ausschnitt aus meiner Linksammlung. Mehr davon bekommst du im Online-Zugang unter:

www.bloggerherz.de/1miobloggerherzvip

Linkliste (*= Affiliate-Link)

Der beste und schnellste Wordpress-Hosting-Anbieter/der einfache Umzug für Dich dahin:
https://raidboxes.de?aid=19661
https://raidboxes.de/wordpress-umzug/?aid=19661

Ebenfalls ein Top-Anbieter (nehmt immer Premium, da dann viele Domains inklusive sind):
https://all-inkl.com/PA2830A3803CE54

Nutze Fiverr für Kleinstaufträge (Achtung hauptsächlich auf Englisch und achtet auf die Bewertungen & bestenfalls level2 seller)
http://www.fiverr.com/s2/04ef6eab22

Das beste E-Mail Programm mit Tagging- perfekt für alle Blogger/innen: Klick Tipp
http://go.Bloggerherz.38219.digistore24.com/

oder hierüber: https://www.klick-tipp.com/bestellen/35827

Weg vom ICH - Menschen: Bloggerherz zeigen!

Oftmals werden Blogger/Freelancer in dem Bereich/digitale Nomaden (es gibt viele Namen für uns) nur als „Lebemenschen, die nicht richtig arbeiten wollen" betitelt oder in den Medien so inszeniert. Das geschieht aber nur, weil diese berichtenden Menschen keine Ahnung vom Blogging und der ganzen Arbeit dahinter haben. Sie haben meistens selbst nie gebloggt und verwechseln Blogger mit „nur Instagrammern." Das soll keine Abstufung von Instagrammern sein (später mehr dazu- eigenes Kapitel zu „Instabloggern"!).

Dieses Buch hier soll auch zu einer Einschätzung von Bloggern und einem (möglichen Berufs-) - Lebensweg von Bloggern verhelfen. Früher war das Berufsbild Blogger undenkbar.

Heute ist Bloggen Beruf sowie Berufung.

„Blogger sein" bedeutet natürlich ganz viel Spaß, Vernetzung mit Menschen und damit unendlichen Kommunikations-Reichtum.

ABER und das vor allem: Stundenlanges schreiben, recherchieren, SEA, SEO, Optimierung in nahezu allen technischen Bereichen, den unbändigen Willen dranzubleiben und niemals aufzugeben, Kooperationen und Werbedeals einzugehen, eigene Produkte zu erstellen, fotografieren und/oder filmen zu können, und zu verkaufen, und und und….

Manche werden müde dabei, immer mehr Reichweite erzielen zu wollen - und geben auf. Die meisten sind in 1-2 Jahren, manchmal schon nach weniger als 3 Monaten weg vom Fenster. Ich habe hunderte kommen und gehen gesehen. Die wenigsten kamen um zu bleiben. Das „Influencer" oder „Blogger-Dasein" ist härter, als viele denken... aber man kann es schaffen mit viel Fleiß und ehrlicher, harter Arbeit.

Dabei gilt: Wir alle sind „Ich-Menschen." Ohne Frage: Auch ich bin das.

Aber dieses Buch hier und die Geschichte zur Vernetzung selbst ist mehr als das – und das will ich Euch jetzt zeigen...

Gemeinsam statt einsam schreiben- Bloggerherz

Diese Plattform habe ich Mitte 2017 nach einer Vor-Version gegründet, um es allen Blogger/innen leichter zu machen. Ich selbst war jahrelang Einzelkämpfer und dachte mir dann irgendwann: Warum verbinde ich mich nicht noch stärker mit meinen Gleichgesinnten? Den Schreibern...

Hintergrund: Netzwerken (online wie offline ist das A und O) im Business, wie auch beim Bloggen. Prompt war also die Idee Bloggerherz geboren.

Diese Idee – der Name ist übrigens gesichert als meine Marke- war relativ neu in der Blogosphäre. Und ich war froh, diesen Markt entdeckt zu haben. Für mich, und vor allem für die anderen Blogger/innen da draußen, da zu sein.

Eine Bloggerherzfamilie - nun über eine ständig wachsende Plattform noch besser miteinander verbunden.

Hier kurz nur die Vorteile aufgelistet:

- Hier kannst Du Dich & Deinen Blog kostenlos promoten lassen – denn ich führe ein Blogger- Interview mit Dir auf bloggerinterview.com und stelle dies gratis ins Herz/promote Dich an meine 10tausenden Fans und Follower, die ich mir selbst über Jahre aufgebaut habe –das ganze kannst Du gerne hier **DIREKT ONLINE EINREICHEN (falls Du noch nicht dabei bist).**

- Du kannst weiterhin auf bloggerherz.de bloggen, ohne selbst einen Blog zu haben (probiere Dich erstmal einmal aus, indem Du andere von Deiner Schreibe überzeugst)

- Du kannst also eigenständig Artikel verfassen und verlinken.

- Du kannst nach anderen Blogger/innen schauen, und Dich mit Ihnen selbst über deren Social- Media- Kanälen vernetzen.

- Entdecke die Gesichter und Geschichten hinter den Blogs. Finde Vorbilder, Fans und neue Leser.

- That´s it! Das war schon die ganz einfache Idee & genau genommen auch schon die ersten 6 Blogger-Tipps für Deinen Start.

Der Trick ist also: Blogger- Freundschaften und Dein „neues Leser-Netz" auswerfen. Das ist für den Anfang schonmal viel viel wert. Ich höre und lese von vielen Menschen, dass über diese Idee schon wirklich gute Freundschaften und kleine Grüppchen entstanden sind. Das macht mich happy.

Viele schon betiteln das als Bloggerherz-Familie. Ich habe in diesen Menschen einen Gemeinschaftssinn zum Brennen gebracht; was mich riesig erfreut, jeden Tag.

Das Bloggerinterview

Wie schon erwähnt, die nachträglich ausgearbeitete Idee von mir, Blogger/ Instagrammern zu führen & meine eigene Reichweite dabei kostenlos zu verschenken, schlug ein wie eine Bombe: In den ersten 6 Monaten gaben bereits über 800 Blogger ein Interview ab. Stand Ende Juli sind es jetzt sogar schon 1000 Menschen, die IHRE GESCHICHTE erzählen wollen.

Das hat mich zutiefst beeindruckt.

Grafik: © Christian Gera – Screenshot Bloggerinterview.com

Daraus entstand in mir DIE Weltrekord-Idee:

Bis ins Jahr 2025 will ich insgesamt 25.000 Menschen interviewt und deren Geschichte aufgezeigt haben. Ein hehres Ziel – aber durch Automatisierung (dazu später auch mehr in diesem Buch), ein machbares!

„Kontakte sammeln" und „Zielgruppen erschließen" war nie so einfach!

Ich freue mich sehr, wenn auch Du ein Teil dieses Blogging-Weltrekordes wirst!

So far – Du bist herzlich eingeladen dazu auf *www.bloggerinterview.com*

Die Faszination, Geschichte und Psychologie des Blogging

In den USA gibt es knapp 30 Millionen Blogger. In GB sind es 6,75 Millionen und in Deutschland ca. 26 Millionen. Weltweit sind 1,5 Milliarden Blogs im Web zu finden. Ein weiterer Wert, der für die Relevanz von Blogs spricht, ist die Zahl der Nutzer, die im Internet diese Inhalte lesen: **77 Prozent verbringen mehr Zeit mit Blogbeiträgen als mit E-Mails!**

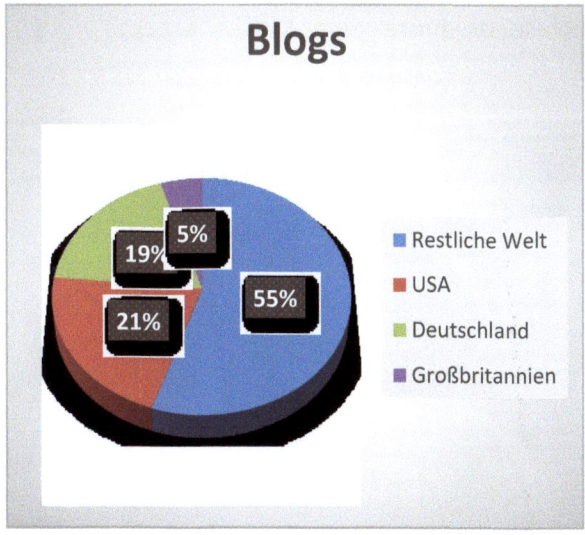

Grafik: MS-Design, Melanie Stadelbauer

Klischee- Blogger

Denke einmal an einen Blogger / eine Bloggerin. Denkst Du auch automatisch an diese „grauen Mäuse", gar „Hacker"- die sich selbst von der Welt entrücken & „zurückgezogen" in Ihrem stillen Kämmerlein mit Kapuzenpulli vor sich hin-klamüsern? Mit dicker Hornbrille bestenfalls noch, weil die roten Augen- Äderchen vom „Bildschirm glotzen" müde geworden sind. Ein richtiger Nerd, der sonst nichts im Real Life auf die Beine stellt und aufbauen kann? Womöglich sogar „hinter einer Maske" steckt?

Grafik: CCO Creative Commons via Pixabay by geralt

Wenn Du so denkst, dann kennst Du keine (!) Blogger/in! Oder Du verwechselst gerade etwas, denn:

Blogger sind Schreiberlinge, voller Herzblut. Sicherlich haben Sie oft müde oder trockene Augen von Ihrer akribischen Bildschirmarbeit (da gibt es richtig gute Augentropfen /Augenspray dagegen). Und auch ich hänge manchmal tatsächlich (& damit voll dem Klischee-entsprechend) in Jogger-Hose und Brille ziemlich spartanisch so ab...

...jedoch sind sie & wir bei dieser Arbeit so viel mehr: Sie und wir drücken Gefühle, Wissen und ungebändigte Kreativität und Phantasie über unsere Weblogs aus. Das ist unser Kanal- unsere Plattform- unsere Bühne!

Auch wenn das TV uns das oft weiß machen will, mit dubiosen Formaten, dass wir nicht alle stramm haben:

Blogger sind keine (!) Modepüppchen, die lediglich auf Instagram mal hier und da „Model sein wollen" und von Ihren „bunten Bilderchen posten" & der „Konsumindustrie", die so viel „gratis ohne Arbeit" raushaut- leben. Sicher- das gibt es auch- in extremen Einzelfällen. Lassen wir uns aber nicht auf das Klischee-Bildzeitungs-Niveau herunter. All das spiegelt nicht die Allgemeinheit vom Blogger-Business wieder!

Denn genau das wäre mir persönlich und vielen anderen ein zu tristes, nicht nachhaltiges- und vor allem kein erfüllendes Dasein auf Zeit.

Echte Blogger wollen Geschichte schreiben und wollen, dass Ihre Worte/Ihre Schreibe/Ihre Denkweisen in Erinnerung bleiben.

In Büchern und zunehmend digital in Blog und E-books. Denn: Digital ist die Erweiterung des Buches. Ob das viele wollen- oder nicht. Ich selbst liebe Bücher, finde es toll sie druckfrisch (eben weil ich gelernter Buchhändler bin) in den Händen zu halten; auch haben sie so einen eigenen „Duft" – aber ein E-book (und wir gehen ja immer mit der Zeit) hat ebenso viele, praktische Seiten und Vorzüge für viele Menschen (beispielsweise sind diese sofort verfügbar und federleicht mitzunehmen via eReader und Co.).

Auch deshalb habe ich die Print-, wie auch die Ebook-Version für Euch auf den Markt gebracht.

Die heutige Blogger Welt ist so bunt, so spannend, so aufregend, so interessant, die Beweggründe und die Menschen dahinter so faszinierend. Schaue Dir Ihre Geschichten an & wie sie zum Bloggen gekommen sind.

Wenn Du einmal das Gesicht hinter dem Blog sehen möchtest- schau Dir einfach, wie schon gesagt, unsere starke **Bloggerinterview.com - Reihe** an. Hier entdeckt jeder tolle Menschen, mit denen man sich oft identifiziert oder sich direkt austauschen möchte- weil es einfach toll, inspirierend und so unglaublich interessant ist, was sie tun, wie sie es tun & wie sie sich ausdrücken über Ihre Internetpräsenzen.

Klar- es gehört eine tüchtige Portion Eigenvermark- tung über die sozialen Kanäle wie Insta, Youtube, Fa- cebook, Google+, Pinterest, Twitter….. ihr kennt die ganze Maschinerie, dazu – aber **das HERZSTÜCK und die Basis aus all dem ist meistens das selbst gebaute Haus: Der eigene Blog!**

Und Sie sind gestandene Persönlichkeiten; tüchtige Geschäfts- und Kooperationspartner untereinander zuweilen auch. Sie stehen mitten im Leben statt nur daneben.

Excelente, starke und vor allen sehr wissbegierige Menschen, die ein tolles Fachwissen in den unter- schiedlichsten Bereichen für sich und andere verbrei- ten. Viele Blogger haben sich etabliert.

In Deutschland ist das langsam auch angekommen: NICHTS geht mehr ohne (Firmen) Blogs und Blogger. Und ich denke das ist nicht nur ein „Trend" aus Über- see/USA – sondern das ist erst der Anfang. Unsere Welt digitalisiert sich mehr und mehr. Industrie 4.0 wir kommen!

„Ich Menschen" also …. aber ist das so schlimm? Ein Phänomen unserer Zeit. Und es ist tatsächlich Zeit,

sich dieses Phänomen einmal genauer anzuschauen...

Wissenswertes

**Was man über Blogs und Blogger/Bloggen als
Lifestyle & Broterwerb wissen sollte – die
Psychologie dahinter & warum bloggt man
eigentlich?**

Grafik: CCO Creative Commons via Pixabay by rawpixel

Weblogs sind ein Phänomen, das Menschen ver-
schiedenster Alters- oder Berufsgruppen fasziniert.
Jeder, der über Zugang zu einem Computer und zum
Internet verfügt, kann kostenlos und ohne besondere
Kenntnisse innerhalb kurzer Zeit ein Web-blog eröff-

nen, mit Inhalten pflegen, auf andere Inhalte im Internet verlinken und sich auf diese Weise mit anderen Menschen austauschen. Ein scheinbar einfacher Zugang also – aber dennoch komplex in der Folge-Umsetzung (technisch wie auch auf geistiger Ebene).

Trotz des rasanten Wachstums sind Weblogs bisher wenig empirisch untersucht worden, „es ist also weitgehend unerforscht, welche Personengruppen aus welchen Gründen Weblogs nutzen, was ihre Nutzungsweisen auszeichnet, und welche Erwartungen sie an das Genre haben" Erste Erkenntnisse zeigen aber, dass Weblogs gerade für Wissensarbeitende sehr nützlich sein können, zum Beispiel als Werkzeug für persönliches Wissensmanagement oder zur Kooperation mit anderen, wie schon gesagt.

Was aber ist die Motivation dahinter? Warum gehen Menschen überhaupt dieser bestimmten Tätigkeit des Bloggens nach? Wissenschaftler haben zu diesem psychologischen Grundbedürfnis die folgende Erklärung gefunden:

In der Motivationsforschung existieren drei Typen von Konzepten, die die Herkunft der „motivationalen Handlungsenergie" erklären sollen. Dabei handelt es sich …

1. um physiologische Bedürfnisse (auch Triebe genannt),

2. Emotionen

3. und psychologische (Grund-)Bedürfnisse.

Die Selbstbestimmungstheorie sagt aus, dass menschliches Verhalten auf alle 3 Energiequellen angewiesen ist, aber die letzteren, die „psychologischen (Grund-)Bedürfnisse" hierbei besonders wichtig sind.

Denn genauso wie es notwendige Bedingungen für die körperliche Entwicklung des Menschen gibt (zum Beispiel Essen und Trinken), gibt es sie auch für die Entwicklung und das Wohlbefinden seiner Persönlichkeit und seiner geistigen & damit kognitiven Struktur.

Man kann vor allem den Haupt-Punkt 3 hierbei beim Bloggen als „Nährstoff" bezeichnen, welcher grundlegend für die laufende psychologische Entwicklung, die Integrationsprozesse und das Wohlbefinden eines Menschen sind.

Deshalb blogge ich wohl auch so gerne & mein Blog entwickelt sich (so erscheint mir zumindest) ebenso immer weiter mit mir. Man überarbeitet, bessert aus, integriert neue Technik und geht (wie im Leben auch) oftmals neue Wege; wirft Ansichten und Vorurteile über Bord, nimmt neue Ansichten und Erfahrungen auf seiner Internetpräsenz mit auf.

Mein Blog-Baby hat mich auch schon sehr oft „beim niederschreiben" meiner Gedanken „geheilt" und wieder gefestigt. Das höre und lese ich auch sehr oft von Anderen. Scheint also ein wahrlicher Zauber- auch und vor allem gerade für den eigenen Kopf und die Verarbeitung einzelner Momente/Geschehnisse etc. im Bloggen verankert zu liegen.

Kann man als selbstständiger Blogger überhaupt glücklich sein? Gerade am Anfang und wenn es mit dem bloggen (& dem Ziel davon zu leben) mal schwierig wird, stellen sich viele genau diese Frage

Jene Frage wurde auch mir ziemlich oft in den letzten Jahren gestellt. Ja man kann damit glücklich werden- sehr sogar.

Gerne gehe ich einmal darauf ein und liste Euch alle CONTRAS und PROS auf ...

Glücklich sein als selbstständiger Blogger– eine Aus- legungssache, von Jedem anders bewertet. Die meisten „scheuen" die Selbstständigkeit verbunden mit einem „Glücklich-Sein-Gedanken", was ich sehr gut verstehen kann, denn:

Fest angestellt zu sein hat etwas. Feste (hoffentlich sichere) Strukturen, ein regelmäßiges (hoffentlich hohes) Gehalt, nette Arbeitskollegen, die Aussicht auf eine (mögliche?/auch wenn ich glaube, dass diese für meine Generation nicht mehr so „garantiert" ist)

Rente, Sozialversicherungsbeiträge wie Krankenkasse und Co. werden bezahlt über ein festes Arbeitsverhältnis, Firmenwagen, ja einfach viele Annehmlichkeiten (ohne) sich kümmern zu „müssen."
Beim „Selbstständig"-Sein fällt dieses „Glück" schonmal komplett weg!

Mindestens 300 Euro Krankenkassenbeitrag monatlich, Miete läuft, Nebenkosten, Auto, etwas zum Leben...- wie natürlich on top auch alle sonstigen Dinge welche die (oft teure) Selbstständigkeit betreffen. Womöglich muss man für Investitions- und Gründungszwecke sogar noch einen der horrend hohen Kredite (auch der für Gründer ist nicht günstig ist) bei den gierigen Banken aufnehmen – und jener muss dementsprechend dann natürlich auch abgezahlt werden. Habe ich alles bereits hinter mir und durchlebt.

Wenn man selbstständig ist, muss man (wie man sieht) auch und vor allem (zeitlichen) Verzicht üben können- ist das Glück?

Zunächst mal: „Jein" (skeptisch betrachtet) Zunächst einmal muss man vor allem eines lernen: Prioritäten zu setzen! Sich auf etwas fokussieren zu können.

Bedeutet unter anderen, dass Familie und Freunde oder die Beziehung (auch mal) hintenangestellt werden(muss). Selbstständig „sein", kann auch mal „einsam sein" und „nachts durcharbeiten" bedeuten... sehr oft sogar!

Wenn man komplexe Dinge zu erledigen hat wie u.a. die Steuer monatlich/alle 3 Monate spätestens - ist dann oftmals ein Nervenspiel (ohne Steuerberater) zusätzlich im Spiel.

Oder wenn man einen guten Steuerberater hat (wie ich), muss man ebenso erlernen, das alles korrekt und ordnungsgemäß mit Rechnungen und Co. in Reihenfolge auszudrucken für diesen & auch abzuschicken ist mit Kassenbuch- Aufstellung und Co.

Das bedeutet Aufwand und Einsatz für Dinge, auf die man – ganz ehrlich- eigentlich keine Lust hat. Folglich: Auch das sind Dinge, die ich nicht unbedingt mit Glück verbinde- wie Ihr sicher auch nicht.

Eines dabei ist so sicher wie das Amen in der Kirche:

Wenn man da nicht am Ball bleibt & nicht selbst & ständig dabei ist (wie man immer so schön sagt) & an Optimierungen/Automatisierungen/sich selbst in Punkto Weiterbildung arbeitet- geht der Schuss irgendwann nach hinten los.

Das ist DER Haupt-Nachteil, der (un)-glücklich machen kann! Man muss sich selber nämlich immer wieder fordern aufzustehen, weiterzumachen, sich zu

motivieren & sich für seine Sache/bestenfalls Leidenschaft einzusetzen.

Wie Ihr seht- viel zu tun! Nicht für jeden etwas.
„Glück" ist das nicht für jeden. Aber es gibt auch
Lichtblicke in all dem.

Da dies auch ein glückliches Kapitel sein soll (Glück ist
nämlich immer noch zum Glück positiv besetzt), will
ich hier natürlich auch alle schönen – wirklich „glück-
lich-machenden Vorteile" für Euch auflisten:

- DU bist der Chef/die Chefin.

- Keiner redet einem rein – das letzte Wort
  hast Du. Jede Entscheidung fällst final nur
  Du.

- Entscheidungsraum und Verantwortung für
  sich, sein Projekt, die Familie drum herum
  falls Alleinverdiener (wie war das noch
  gleich: „Aus großer Kraft folgt große
  Verantwortung?" ;-))

- Du kannst Arbeitszeiten selbst bestimmen.

- Mitarbeiter einstellen und gleichsam feuern
  können.

- Innovativ eigene Dinge erschaffen und auf
  den Weg bringen können.

- Urlaub und freie Zeit oftmals frei wählen ohne Rücksicht auf Mitarbeiter (falls Ersatz/ Urlaubsvertretung da ist).

- In Onlineberufen kannst Du von überall aus in der Welt mit dem Laptop arbeiten/bloggen (digitaler Nomade).

- Nach oben hin wie nach unten hin kannst Du der Herr/die Frau sein, der/die den Gewinn mit seiner/Ihrer Arbeit selbst bestimmt.

- Nach oben wie nach unten hin gibt es beim Gehalt keine Grenzen.

Fazit: Das positive und negative sollte sich jeder selbst gegenüberstellen, falls er/sie noch vor der „Qual der Wahl" steht.

Ist man selbstständig: Immer wieder mal alle paar Monate auswerten, ob man glücklich ist bei und mit dem was man als Selbstständiger/Selbstständige tut. Ob es auch nachhaltig wirtschaftlich positiv ist und bleibt, oder ob man aufhören sollte- um wieder in die sichere Anstellung zu flüchten. Lasse Dir Zeit zum Wachsen. Nichts geht schnell und ohne „das Machen."

Das wäre mal die Grob-Liste, die man sich vor Augen halten muss. Bevor man von Glück spricht, soll und muss man also viel nachdenken, was einen davon glücklich macht – oder machen könnte!

Ich für meinen Teil habe das Glück in meiner Selbstständigkeit als Blogger gefunden. Mal neben und mal hauptberuflich! Oftmals (anfangs) durch einen Midijob abgesichert als es mal nicht so gut lief. Es gibt nämlich auch die geschickte Möglichkeit, dass man einem sozialversicherungspflichtigen Midijob (von 450 Euro bis 850 Euro) nachgeht, so dass für Dich (erstmal) die Krankenkassenbeiträge wegfallen /Sozial-Versicherungs- und Rentenversicherungsbeiträge eingezahlt werden & man gleichzeitig trotzdem bei seinem Herzstück – der glücklichen Selbstständigkeit bleibt. Möglich ist es also.

Die Blogger – Glücksgefühle

Ein wenig mehr zum Blogger- Glück – mal auf meiner emotionalen Ebene für Dich (damit Du das noch besser nachvollziehen kannst, warum man bloggt und sich dafür entscheidet):

Es herrschen Blogger-Glücksgefühle, wenn...

- ...ich viele schöne Kommentare meiner Leser bekomme & wenn diese einen Artikel wertschätzen, teilen und loben.

- ...ein Unternehmer sich (tatsächlich) strahlend für die tolle Marketing- und Schreibarbeit herzlich bedankt bei mir

- … die Besucherzahlen & automatisierte Verkäufe stimmen. Läuft… ☺

- … wenn jemand von allein den Mehrwert im Bloggerherz erkennt

- …wenn sich jemand richtig herzlich für sein Interview und seine/ihre Chance bedankt. Daran sieht man: Es gibt noch Dankbarkeit!

- … wenn jemand eines meiner Ebooks gekauft hat und ein tolles Feedback dazu abgibt und/oder mir sagt, was man besser machen kann (berechtigte Kritik äußert, die man umsetzen kann, damit man besser wird).

- … wenn ich (nach getaner, selbstständiger Arbeit) meine freie Zeit so richtig frei genießen kann. Das Smartphone bleibt dann auch mal aus – wenigstens für ein paar Stunden.

- … wenn andere sich fragen: Wie macht der das? ☺

- … wenn sich jemand in der „Bloggerherz-Familie" zu Hause fühlt.

Das sind nur kleine Dinge. Aber das ist Glück! Für mich. Was ist oder wäre das Glück für Dich als Blogger/in?

Mein Tipp für Dich: Setze Dich einmal hin & mache eine Plus-Minus-Liste für Dich/Dein Vorhaben. Hast Du im Ergebnis mehr auf der Positiv-Seite stehen, setze es um und handele danach.

Ist jedoch die Negativ-Seite überwiegend /zu viele Punkte dort, überdenke nochmal Dein Vorhaben, ob es wirklich das Richtige für Dich ist & verändere die Stellschrauben in Deinem Leben. Nicht Jeder kann bloggen/schreiben/sich immerwährend vernetzen/sich weiterentwickeln und alles immerzu ausbauen. Folglich wird auch nicht Jeder mit einem Blog erfolgreich werden.

Zusammenfassung

Fassen wir einmal alle Ergebnisse aus diesem Kapitel hier kurz zusammen:

1) Blogs sind für viele (individuell wie gemeinschaftlich) oft Seelentröster, Heilsbringer, Infomaschine und Weiter-Entwickler fürs eigene Leben und (gepaart

mit anderen/Gemeinschaft und Co.) oftmals auch darüber hinaus.

2) Das Bedürfnis nach Kompetenz verlangt, dass sich ein Mensch in den laufenden Interaktionen mit seiner sozialen Umwelt wirksam und aufgehoben fühlt & Möglichkeiten erfährt, die eigenen Fähigkeiten zu üben und wiederzugeben. Dafür ist ein Blog wunderbar geeignet.

3) Dieses Bedürfnis führt dazu, dass Menschen nach Herausforderungen suchen, die optimal zu ihren Fähigkeiten passen und versuchen, diese Fähigkeiten durch Aktivität zu erhalten und auszubauen. Dabei ist Kompetenz keine erlernte Fähigkeit, sondern ein Gefühl von Selbstsicherheit und Wirksamkeit, wenn man handelt. Nicht hätte, könnte oder würde – sondern machen! Und diese Weiter-Entwicklung sieht man auch auf einem (gepflegten) Blog.

4) Gleichzeitig möchte man sich aber auch mit anderen Menschen sozial verbunden fühlen und von diesen verstanden und akzeptiert werden.

5) Das Streben nach Selbstbestimmung und Verwirklichung führt dazu, dass man dann zu einer Handlung motiviert ist, weil man

glaubt, damit ein bestimmtes, erwünschtes Ziel erreichen zu können. Der Blog und die Blogartikel wachsen mit Dir.

6) Wäge vorher ab, ob das Bloggen und oftmals auch (viel Verzicht wie beschrieben) das richtige für Dich ist. Mache die Plus/Minus – Liste und setze Dich mit Deinen Wünschen auseinander. Bist Du geeignet dafür, fällt der Startschuss für Dich & Deinen Blog.

Merkt Euch: Wer stärker motiviert ist, der erbringt demnach auch bessere Leistungen. Wer seinen Job liebt, vollbringt (wie beim Bloggen auch) Höchstleistungen & das wirkt ansteckend und motivierend auf Andere, auch Ihre Ziele zu schaffen.

Merkt Euch ebenso: „Im Mittelpunkt steht dabei immer die Unterstützung von menschlicher Kommunikation, Interaktion und Zusammenarbeit auf Basis sozialer Netzwerke" – die gehören auch (oft/fast immer) zu Dir und Deinem Blog. Und auch diese sind (sehr arbeitsreich) zu pflegen. Natürlich kannst Du deinen Blog auch ganz standalone führen – aber erst über die Social Channels gepaart mit Deinem Blog – erreichst Du mehr Leser.

By the Way: Jeden Tag entstehen da draußen 3000 neue Blogs! Das Streben der Menschen nach eigener Selbst-Verwirklichung ist im vollen Gange. Deshalb

muss man auch den technischen Aspekt beherr-schen- denn ohne die Technik dahinter geht es nicht.

Hier sind zunächst einmal die wesentlichen techni-schen Merkmale von Blogs, damit man diese an-hand von Merkmalen eingrenzen und als solche auch „definieren" kann:

- ✓ Zu den wichtigsten Kennzeichen eines (guten) Blogs gehört seine Aktualität, also das regelmäßige Veröffentlichen neuer Beiträge (Content ist King/Inhalte sind der König- Mama Google liebt das!) Ich werde immer traurig und bekomme Gänsehaut, wenn ich brachliegende Blogs besuche, auf denen seit Monaten kein einziger neuer Artikel „geboren" wurde. Gibt es diesen Menschen noch? (Digitaler Nachlass/ digitales Erbe schwingt da auch irgendwie mit..).

- ✓ Alle Beiträge eines Weblogs werden auf der Webseite rückwärts chronologisch angeordnet. Das bedeutet, dass oben auf der Seite immer der aktuellste Beitrag steht, sodass der Leser als Erstes stets das neueste Thema sieht. Aktualität ist Trumpf.

- ✓ Die Beiträge in Weblogs bestehen meistens aus Texten und Bildern, aber auch zunehmend aus Ton- oder Videodokumenten (Podcasts oder Youtube-Integrationen etc.) Der Trend geht noch mehr zum Video.

- ✓ Jene Artikel sind in einem informellen, ja persönlichen Ton verfasst.

- ✓ Inhaltlich befassen sich die Beiträge mit Themen, die für den Autor eine persönliche Relevanz haben, und können in ihrer Länge von wenigen Sätzen bis zu längeren Geschichten variieren (hier gilt nochmals: je länger- desto besser für Google als Suchmaschine).

- ✓ „In den meisten Fällen geben sie jedoch eher persönliche Meinungen als neutrale, sachliche Informationen wider"

- ✓ Es existieren Weblogs zu den unterschiedlichsten Themen und neben Privatpersonen bloggen zum Beispiel auch Journalisten, Politiker oder Manager. Alle möglichen Schichten sind hier vertreten, wie ich es auch jeden Tag auf www.bloggerinterview.com erlebe.

✓ Die Gemeinschaft derer, die ein Weblog betreiben, bezeichnet man als Blogosphäre (englisch: Blogosphere) - oder „Bloggerherzen" bei uns (ich finde, das klingt schöner). Geführt werden Weblogs von einer oder auch von mehreren Personen als Gruppenblog (Beispiel www.bloggerherz.de)

✓ Dabei ist es im Prinzip jedem möglich, „zur Produzentin/zum Produzenten eigener, individueller Nachrichten und Mitteilungen zu werden"

✓ Weblogs beinhalten einige interaktive Elemente (Teilen-Funktion etc). So bieten viele Weblogs ihren Lesern die Möglichkeit, Beiträge zu kommentieren. Auf diese Weise können die Leser mit dem Autor eines Beitrags in einen Dialog treten. Dadurch entstehen tolle Diskussionen.

✓ Jeder einzelne Beitrag in einem Weblog ist zudem über eine spezifische, unveränderbare URL, einen sogenannten Permalink, adressierbar. Dadurch ist es möglich, in seinem eigenen Weblog Bezug auf Beiträge anderer Weblogs zu nehmen. Erst das macht Verlinkung – ein „schau mal dort ist auch ein toller Artikel dazu", einen

Follow/ Nofollow Verweis auf andere Webseiten, möglich.

✓ Mittels einer Trackback-Funktion kann der Autor eines Beitrags zugleich nachverfolgen, welche anderen Blogger, also Betreiber von Weblogs, auf seinen Beitrag verweisen und diesen kommentieren.

✓ Auf diese Weise kann innerhalb kurzer Zeit ein Kommunikationsnetzwerk zwischen verschiedenen Bloggern entstehen

✓ Blogger nehmen aber nicht nur gegenseitig Bezug auf ihre Beiträge, sondern verlinken in ihren Weblogs auch auf andere Webseiten, die sie selbst interessant finden oder die ihrem eigenen Weblog thematisch ähnlich sind. Eine solche Linkliste in Weblogs wird als Blogroll bezeichnet. Jene stirbt jedoch zusehends in letzter Zeit.

✓ Weiterhin bieten Weblogs ihren Nutzern die Möglichkeit, durch sogenannte RSS (Really Simple Syndication) -Feeds neue Blogbeiträge zu abonnieren. Diese werden dann automatisch auf den Computer oder mobile Endgeräte des Nutzers geladen. Praktisches Abo.

✓ Erstellt werden Weblogs durch einfache Content-Management-Systeme, die es dem Nutzer ermöglichen, ohne tiefgehende HTML-Kenntnisse mit wenigen Klicks eine Webseite aufzubauen, darin Inhalte zu publizieren und auf andere Inhalte im Internet zu verlinken. Das bekannteste und gängigste ist Wordpress. Hierzu gebe ich Euch später noch extra Know-How an die Hand, weil das recht komplex werden kann.

Zum Erfolgsweg von Blogs und zum Wachstum der Wordpress- Nutzung könnte ich jetzt noch zahlreiche Statistiken aufführen hier. Das wird mir aber zu trocken…

Stattdessen sagt dieses Bild hier einiges aus, was in den letzten Jahren alles in Bewegung geraten ist:

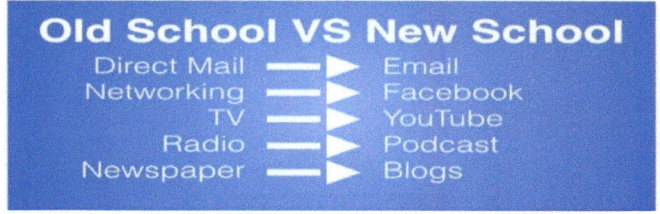

Fakt ist: Youtube ersetzt mehr und mehr das TV, Podcast das Radio, die stetig sinkenden Zeitungsabonnenten, mehr Blogs...das spricht Bände. Unsere Zeit gestaltet sich gerade neu – und die Medien mit Ihnen.

Nur um mal ein Beispiel zur technischen Geschwindigkeit zu nennen; zeigt einem Jugendlichen von heute einmal dieses Bild hier:

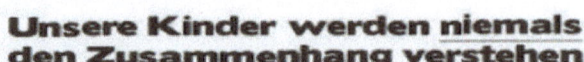

Grafiken: Christian Gera Freizeitcafe.info

Die Entwicklung des Blogging

Mittlerweile entstehen, wie schon ausgesagt, da draußen tagtäglich 3000 neue Blogs – alleine in Deutschland.

Aber wie hat alles angefangen? Hier ein Gallopp durch die Blog-Geschichte:

Der erste Blog-Beitrag wurde am 13. November 1990 von Tim Bernes-Lee geschalten. Die URL existiert sogar noch und hier findet man immer noch eine Kopie des ersten Eintrages.

Tim Bernes -Lee hatte für CERN die Möglichkeit entwickelt, URLs zu schalten und nutze die erste Website der Welt dazu, über HTML zu informieren und zu erklären, wie eine Website programmiert wird.

Jorn Barger prägte 1997 den Begriff „Weblog". Er definierte einen Blog wie folgt: „A Web page where a Web logger 'logs' all the other Web pages she finds interesting"

Im Jahr 1999 entstanden 23 Weblogs, als die massenhafte Ausbreitung von Weblogs in den USA begann. Grund dafür war u.a., dass Anbieter wie Blogger, Pitas, LiveJournal oder Manila kostenlose bzw. kostengünstige Software zur Verfügung stellten, die das Einrichten von Weblogs und ihr regelmäßiges Aktualisieren stark vereinfachten. Gute alte Diskette also?

Diese neuen technischen Möglichkeiten jedenfalls führten im Endeffekt dazu, dass sich Weblogs über den ursprünglichen Kreis einer kleinen Gemeinschaft heraus verbreiteten.

Wie es weiter ging

2001 begann das Bloggen, zunächst in den USA, zu boomen. Nach den Terroranschlägen auf das World Trade Center in New York am 11. September 2001 berichteten Blogger schneller und persönlicher als die großen Massenmedien über das Geschehen vor Ort und tauschten ihre eigenen Erfahrungen aus. Ein Meilenstein der Erkenntnis – durch ein Unheil herbeigeführt.

Die Server der Massenmedien waren hingegen durch die hohen Zugriffszahlen zeitweise nicht verfügbar und konnten damit dem sehr großen Informationsbedürfnis der Weltöffentlichkeit nicht gerecht werden.

Was dann kam, kennen wir: Im Folgenden, deklarierten „Krieg gegen den Terror" der amerikanischen Innen- und Außenpolitik wurde der Begriff der

„Warblogs" geprägt, die sich thematisch hauptsächlich mit dem „War Against Terror" auseinandersetzten. Durch den Irakkrieg im Jahr 2003 erhielten Blogs einen weiteren bedeutsamen Entwicklungsschub.

Journalisten sowie auch einfachste Zivilisten (man merkt hier schon jetzt die Weiter-Entwicklung) berichteten in ihren Weblogs über das Kriegsgeschehen vor Ort, wodurch eine Diskussion in Richtung Weblogs und Journalismus eröffnet wurde.

Seit dem Irakkrieg also wurden Weblogs nun auch von einer breiteren Öffentlichkeit wahrgenommen (wir schreiben das Jahr 2004).

Im amerikanischen Präsidentschaftswahlkampf 2004 bekamen Weblogs dann wiederrum einen weiteren Wachstums- und Bekanntheitsschub, „weil sie eine wichtige Rolle für die Koordination des politischen Handelns einiger Kandidaten übernahmen und darüber hinaus eine kritische Öffentlichkeit herstellten, die in wachsendem Maße das Agenda-Setting der klassischen Massenmedien beeinflusst haben."

Beflügelt durch die beschriebenen geschichtlichen Ereignisse sowie die einfachen technischen Möglichkeiten, ist die Anzahl der Blogs daraufhin in den letzten 10 Jahren rasant angewachsen, und zeigt bis heute noch keine Anzeichen einer Abschwächung.

Auch im vorletzten (Obama – Twitter & Facebook) und im letzten Präsidentenwahlkampf um Trump (totale Manipulation) waren Blogs in den (sonst eher klassischen) Marketing-Mix im hohen Maße integriert und u.a. auch für die Verbreitung von Fake-News zuständig, was ebenfalls die Macht von Weblogs und den dort vertretenen Meinungen auf andere wiederspiegelt.

Blogs sind dennoch im hohen Maße glaubwürdig, weil sie persönliche Erfahrungswerte (wenn die Blogartikel und die Meinung nicht erkauft sind) aufzeigen.

Fakt ist auch: Es ist bis heute nahezu unmöglich, exakte Aussagen über die Gesamtzahl aller Weblogs zu treffen, da verschiedene Abgrenzungs- und Messprobleme bestehen. Am einfachsten wäre es wohl, die Anzahl von Weblogs auf verschiedenen Hosting-Plattformen zu ermitteln.

Was sagen Umfragen zum „Bildnis von Bloggern"?

Mir persönlich ist aufgefallen, dass die meisten Bloggenden weiblich sind. Meine Zielgruppen-Statistiken zeigten mir, dass stolze 62% Frauenanteil vorherrschen. Eine weitere Online-Umfrage unter Bloggern ergab, dass der typische Blogger um die 30 Jahre alt ist, eine hohe formale Bildung besitzt und sich oft noch in einer schulischen oder studentischen Ausbildung befindet. Das Geschlechterverhältnis war in dieser Umfrage unter Bloggern relativ ausgeglichen.

Als die häufigsten Gründe für das Führen eines Weblogs werden Spaß (70,8 Prozent) und Freude am Schreiben (62,7 Prozent) sowie der Wunsch, Ideen und Erlebnisse für sich selbst festzuhalten (61,7 Prozent), genannt.

Die meisten (wie auch ich) finden es schön, auf die eigene Arbeit/Fotos/Video zurückblicken zu können. Es ist wie ein Abbild der eigenen Geschichte. In einem Blog kann man diese sehen und nacherleben. Immer wieder.

Inhaltlich dominieren in den meisten Blogs Beiträge aus dem Privatleben sowie (seltener) dem schulischen, studentischen oder beruflichen Alltag des Bloggers.

Nahezu alle Blogs bieten eine Kommentarfunktion, die aber nur bei einem geringen Teil der Beiträge tatsächlich genutzt wird. Eine Mehrheit der Blogger gibt in ihrem Weblog Hinweise auf ihre „reale" Identität an, was man auch muss:

Impressums-Pflicht in Deutschland!!

Leser von Weblogs sind zum einen Freunde des jeweiligen Bloggers, zum anderen aber auch völlig fremde Menschen.

Etwa die Hälfte von Bloggern- das sagen immer wieder alle Umfragen aus- hat den Blog nach höchstens drei Monaten wieder aufgegeben, was mir letztendlich wieder die Erkenntnis bringt:

Bloggen ist doch Arbeit! ☺

So far. das war die Vorgeschichte und dass Du jetzt einordnen kannst, was es mit dem Bloggen an sich auf sich hat. Kommen wir nun zu Deinem Blog.

In den Folgekapiteln habe ich einzelne Rubriken und Oberthemen mit meinem Erfahrungsschatz für Dich erstellt. Ziehe Dir dort für Dich das beste Wissen heraus für Deinen Blog. Meine 8 Jahre Blogging-Erfahrung teile ich gerne mit DIR!

Im Anschluss bekommst Du in diesem Ebook noch die Lifetime-Liste in Form von Beschreibung und Umsetzung (in einem Doppel-Kästchen-im Frage/Antwort-Stil zur Einfachheit visualisiert). Diese Liste wird im Laufe Deines & meines Blogger-Lebens immer weiter online FÜR DICH anwachsen, bis wir irgendwann die 1 MIO Bloggertipps tatsächlich zusammen haben...

Deshalb auch der Titel des Buches ☺ Gerne nehme ich auch Deine Hacks und Bloggertricks in diese Liste auf- schreibe mir einfach eine E-Mail an:

tipp@bloggerherz.de

„Vom Bloggen leben. "Möchtest Du wissen, wie auch Du genau das erreichen kannst? Komm mit, ich werde es dir zeigen. Bloggen und damit-verbundenes Online-Marketing ist keine Zauberei, Du musst lediglich bestimmte Dinge in die Praxis umsetzen. Los geht´s mit den Einzelrubriken.

Komm mit mir auf die Reise, und entdecke den Weg, der mich zum Erfolg geführt hat!

Bloggen ist Lebensleistung. Leider gibt es nicht für jede Lebensleistung eine Glaskugel und noch lange kann nicht jeder sein Leben 1zu1 abbilden. Der Blog wird aber immer (wenn man es ehrlich und ernsthaft durchzieht) ein guter Lebensbegleiter für einen selbst, wie auch für andere sein.

Ich denke mir immer, dass man vor allem als alter Mensch gerne auf seine Bloggeschichte und damit auch ein Stückweit auf sein Leben zurückblicken wird, das sind Erinnerungen und Momente, die bleiben.

Auf das große und ganze "Blogging" über den eigenen Tellerrand bezogen kann ich nur aus meinem Erfahrungsschatz sagen: Das hier ist erst der Anfang; gesellschaftlich wird das bloggen bald noch viel anerkannter und sogar ein stetig-wachsender Berufszweig werden. Derzeit sieht mir das alles noch zu sehr nach einem "Ach lass die mal schreiben" oder einem abschätzigen "Freelancer-Dasein" aus. Wie wir aus diesem Buch hier wissen, können Blogger viel viel mehr.

Im Zuge der Automatisierung werden gute Blogger/innen immer mehr ein wichtiges Bindeglied und oft auch Leuchtturm für andere in der Gesellschaft sein

Die Reise beginnt!
Aller Anfang ist schwer.

Ideenfindung. Für was brenne ich und über was blogge ich?

Zunächst einmal müssen reichlich Vorüberlegungen zum Start Deines Blogs gemacht und ein grober Fahrplan zu folgenden Punkten erstellt werden:

1.) In welcher Nische willst du aktiv werden, was ist dein Thema?

2.) Was soll deinen Blog von anderen unterscheiden?

3.) Welchen Nutzen (Mehrwert?) kannst du deinen Lesern bieten?

Über was kann man eigentlich bloggen? Antwort: Über so ziemlich alles, Honey!

Jedoch wird es jetzt doch spezieller:

A) Du musst als Blogger etwas können oder wissen, was du anderen vermitteln kannst.

B) Du tust etwas und lässt die Leute daran teilhaben (Erfahrungsberichte, Produkttests, Reisen, Podcasts, Instagram TV...)

C) Oder Du wirst Vlogger, ein sogenannter Videoblogger & fühlst Dich eher bei Youtube wohl, bindest Deine Videos immer in Deinem Blog ein.

D) Vielleicht erfindest Du sogar etwas völlig Neues zeigst eine ganz andere Leidenschaft oder ein Hobby, welches andere begeistert. Da kommt mir beispielsweise eine (mittlerweile) sehr bekannte Einrad-Frau in den Sinn, die auf Instagram komplett durchgestartet ist und einen Vlog betreibt, der Millionen Menschen anzieht. Sie bloggt nicht wirklich, sondern hat im wesentlichen lange Texte unter Ihren Instagram-Fotos. Das nennt man „Instablogger" – wieder eine Abwandlung von Altbekanntem.

Merke Dir bei allen Auswahlmöglichkeiten:

1. Entscheidend sind auf der einen Seite das Potenzial deines Themas und die vorhandene Konkurrenz.

2. Auf der anderen Seite sind es deine persönlichen Möglichkeiten & Fähigkeiten.

3. Wissen kann man sich aneignen. Dein unbändiger Wille muss dazu vorhanden sein. Nur dann startest Du durch!

4. Tipp: Lese viele Blogs vorab. Welcher gefällt Dir? Welcher nicht? Ein Vorbild zu haben ist auch eine Möglichkeit. Einzige Bedingung: kopiere es nicht.

5. Leiste dir ein paar Ecken und Kanten- denn DAS macht DICH letztendlich als Persönlichkeit und einzigartiges Individuum aus.

6. Das verkauft sich auch besser – USP(einzigartiger Verkaufsvorteil, um ein bisschen Marketing-Sprache einfließen zu lassen mal).

Wordpress – der klare Sieger

Eines vorweg: Lass es sein, Dich einem Blogdienst wie Blogger.com zu unterwerfen. Mache lieber Dein eigenes Ding auf Wordpress.

Auch wenn Blogger als Part der Google - Family einer der bekanntesten Blogdienste überhaupt ist, (Vorraussetzung ein Googlekonto) & Du dort quasi auf Knopfdruck alles ganz easy erstellen kannst, ist das kein echtes Bloggen!

Es fängt schon an mit der Subdomain: deinblogname.blogspot.com. – das sieht doch kacke aus!

Ein wohlklingender, kurzer Domainname ist einfach schöner – und leichter einzugeben.

Informationen zu Worpress und warum das mein klarer Sieger ist:

WordPress ist ein freies, eigenes System. Hier handelt es sich um das weltweit führende Blogsystem, es wird auch oft als kleines Content Management System (CMS) bezeichnet. WordPress gibt es in zwei Varianten:

- Man installiert es auf dem eigenen Server oder Webspace (oder kann es „machen lassen")

- Oder nimmt es auf wordpress.com vollkommen fix und fertig.

In letzteren Fall muss 0 installiert werden. Jedoch handelt es sich bei dieser Lösung nicht um das vollständige System, sondern lediglich um dessen „kleine Schwester", deren Möglichkeiten stark eingeschränkt sind nach oben. Funktionen muss man hier kostenpflichtig dazubuchen; in der ersten & Original-Variante bist Du einfach „freier"- nutze das!

WP ist Basis und Rakete für bereits über 60 Millionen Blogs. Wordpress ist in der Gesamtheit betrachtet (was Deine Entscheidungsfindung erleichtern sollte)...

- Kindgerecht

- Einfach

- Leicht zu verinnerlichen

- Oftmals selbsterklärend

- Top erweiterbar durch Plugins. Zu den Plugins: Das sind kleine Programme. Darunter versteht man Erweiterungen des Funktionsumfanges. Diese Freiheit ist fast grenzenlos.

- Sicher seit Jahren!

- WordPress erlaubt Tags und kann gut mit Social Media (kinderleicht) verbunden werden.

- WordPress ist komfortabel bedienbar - nach kurzer Eingewöhnungsphase.

- Der WYSIWYG Editor ist das Herzstück des Ganzen (mit diesem werden die Blog Beiträge gestaltet und die Texte eingegeben werden). Jener ist nicht schwerer zu bedienen als die Menüleisten einer gewöhnlichen Textverarbeitung aus Word etc. wie Du es kennst.

- WordPress speichert automatisch und verwendet Revisionen (Du kannst Dir ältere Versionen Deines Textes zurückholen). Das gibt Dir ein Gefühl von Sicherheit.

- Wer an die Zukunft denkt, und es richtig machen will, setzt möglicherweise besser auf die selbst gehostete Version.

- Kostenintensiv? Nein! Das muss nicht einmal teurer sein, erfordert aber eine intensivere Pflege und weitere Einarbeitung.

Wenn du es mit dem Bloggen ernst meinst, kommt deshalb nur eine einzige Möglichkeit in Frage. Nämlich jene, auf die praktisch alle ehrgeizigen und professionellen Blogger setzen:

WordPress als selbstgehostete Variante. Betrachte es als Dein zukünftiges Königreich.

Achtung:

Wer selbst hostet beziehungsweise hosten lässt, hat auch die Kontrolle über seine Daten – und ein erhöhtes Risiko. Einfallstor für alles Böse dieser Internetwelt sind neben der Installation selbst die Plugins.

Da habe ich schon Blut und Wasser schwitzen müssen, wenn man sein „Blog-baby" mal retten muss. Ein eigenes Kapitel hier widmet sich dieser Urangst von Bloggern.

Hier gilt es, stets auf dem Laufenden zu bleiben. Glücklicherweise erledigt WordPress inzwischen einen Großteil dieser Aufgabe automatisch. Und um den Server kümmert sich der Hoster, das heißt, die dort verwendete Software wird von ihm gepflegt und auf dem neuesten Stand gehalten.

Wohl dem, der sich einen guten Hoster auserwählt hat. Seht es wie eine Ehe mit dem/der Richtigen.

Gute Hoster sind beispielsweise AllInkl, das Hosting bei United Domains, oder (noch besser) Raidboxes (managed/ schneller/Plugin/Updatepflege inkl.- aber auch teurer).

Der 5 – Schritte Plan

1. **Webhoster finden**

2. **Domainname sichern & die passende E-Mailaddy finden**

3. **Wordpress installieren**

4. **Blogtheme finden,**

5. **Seiten anpassen & loslegen mit dem Schreiben**

1. Webhoster finden

Das mit dem Hosting ist immer so eine Sache. Wir im Freizeitcafe hier- oder drüben im Bloggerherz haben schon eine Menge durchmachen müssen, um endlich beim richtigen Hosting Anbieter zu landen.

Das Idealbild eines Hosters aus Kundensicht sieht immer so aus:

Ein 100%tiger Rundum-Service. Sei es einerseits in Form von Produkten wie Domain, Hosting, E-Mail-hosting, Homepage-Baukästen und/oder Homepage – komplett - Pakete.

Der Service muss immer und überall erreichbar & ein herausragender Support gegeben sein. Wenn die Seite hängt und/oder Serverprobleme da sein soll-ten- muss einfach ein kompetenter Ansprechpartner am Werk und zu erreichen sein, der das ganze (bestenfalls blitzschnell) löst. Sonst gucken Seitenbetreiber, und vor allem treue Leser, zu lange ins Leere- und kommen womöglich nie wieder zurück auf Deine Webseite oder Deinen Blog. Stichwort Absprungrate.

Wünsche über Wünsche- aber geht das denn alles? Ja!

Und es sollte noch mehr drin sein! Im Bereich Marketing, Glaubwürdigkeit, Transparenz und Service, denn: Überdies sollte das ganze abgerundet sein durch schöne (vergünstigte) Domain-Aktionen und vor allem ohne die oft so „versteckten Zusatzkosten" für beispielsweise DNS Änderungen, Inhaberwechsel, Domain und E-Mail-Weiterleitungen. Hier treiben es nämlich sehr viele Anbieter sehr bunt und teuer im Anschluss.

Ich persönlich empfinde es auch immer sehr wichtig, wenn die Bedien- also die Verwaltungsoberfläche bei einem Hosting Anbieter möglichst einfach ist & somit via Bedienoberfläche möglichst schnörkellos zum Ziel führt- d.h. ohne viel Schnickschnack aufgebaut ist. Große grafische Leistungen müssen hier nicht sein- die Usability zählt!

Wenn dann noch ICANN- Akkreditierungen, oder Akkreditierungen für gTLDs, eigene Hosting- und Nameserver-Infrastrukturen, wie auch tägliches Backup/Datensicherung aller Kundendaten hinzukommt (sorry, das war jetzt mal Fachchinesisch) ☺, ist der Hosting Anbieter nahezu perfekt.

Eine strukturierte Domain Check Liste mit transparenter Preisangabe ist natürlich ein Standard, den man heute voraussetzen muss.

Auch der Standort der Server ist für viele Seitenbetreiber wichtig

In Performance Fragen und im Support sind vor allem auch die sprachlichen Hürden zu berücksichtigen. Mal ist ein Server-Standort in den USA auf Massen-Servern zwar „preiswerter"- ein deutscher oder österreichischer Anbieter jedoch hat, für wenige Euro mehr, jedoch viel viel besseren Service. Man geht nicht in der Masse unter und wartet lange auf (fremdsprachige) Lösungswege- sondern fühlt sich gut und rundum betreut.

Auch die Eigenentwicklung ist in allen Fällen immens wichtig. Hierzu komme ich gleich noch in meinem Abschluss-Fazit. Ein guter Hosting-Anbieter, der dies alles bewerkstelligt und anbietet ist das Beste, was einem passieren kann.

Mein persönliches Fazit zum Hosting:

Achtet wirklich auf ALLE Details. Die Eigenentwicklung für die Verwaltungsoberflächen, des Kundencenters und der Hosting Pakete müssen vom Anbieter immer weiterentwickelt werden. Das ist für Euch oft ein Zeichen, dass man mit der Zeit der schnelllebigen Internet-Weiterentwicklung Schritt hält. Und wer sich immer weiterentwickelt, ist immer oben auf!

Aber gehen wir in die Praxis zur Umsetzung mit Dir:

Hosting Anbieter bieten verschiedene Produkte an. Komplette Server (neben dem Root- gibt es auch Managed- und Dedicated-Server) oder den Platz auf einem solchen. Es ist ein Unterschied, ob man eine Maschine nur für sich selbst nutzen kann, oder ob man sie mit Dutzenden oder gar Hunderten anderer Kunden teilen muss. Es ist natürlich (wie immer) eine Frage des Preises.

Um WordPress nicht selbst installieren zu müssen, obwohl man das durchaus schaffen kann, mietet man sich den passenden Server. Genauer, man mietet Webspace + WordPress, alles fix und fertig. Oder ein

Angebot, das verschiedene Software klickfertig zur Installation bereithält, zu denen dann eben auch WordPress gehört.

Liste bekannter Webhoster mit WordPress Installation

- 1&1 - All-inkl - Greatnet - Hetzner - Hosteurope - Mittwald - Strato

Ein Webspace oder ein kompletter Server sind keineswegs eine Garantie für ein schnelles Blog. Im Gegenteil, die oben genannten Möglichkeiten sind Allgemein-Anbieter, deren Server per Definition möglichst alles können müssen.

Für dieses Blog dort hat man weder ein Cache-Plugin installiert (um die Seiten-Geschwindigkeit zu erhöhen) noch eines für Backups (ganz wichtig sind Sicherungen, sonst kannst Du all Deine Arbeit verlieren!).

Besser (Experten-Tipp): Die volle Performance bekommt man nur mit einen echten WordPress Hosting, das speziell auf das Blogsystem zugeschnitten ist.

Manche Firmen versprechen WordPress Hosting, meinen damit aber nur, dass ein WordPress vorinstalliert ist. Man richtet es sich dann selbst ein. Oft wird das als 1-Klick-Hosting bezeichnet. Das ist schon mal nicht schlecht. Aber es ist kein echtes Managed WordPress Hosting. Das nämlich ist speziell auf WordPress und seine Erfordernisse zugeschnitten

Managed WordPress Hosting ist also einfacher als klassisches Hosting.

Keine Fummeleien in der .htaccess mehr, keine Abenteuer via FTP. Weil Server und WordPress bereits ideal aufeinander abgestimmt sind. Profis hosten nicht irgendwo. Nehmt managed Hosting (beispielsweise bei Raidboxes)– wenn Ihr Euch das zulegen wollt (dann gibt es definitiv weniger Folge-Probleme in technischen Aspekten bei Deinem Blogerlebnis).

Vor einigen meiner Erlebnisse mit Hostern und Co. möchte ich Euch hier bewahren.

Tipps zur Auswahl Deines Hosting-Anbieters im Allgemeinen & Warnhinweise vorab:

- Vorsicht bei Verträgen mit langer Mindestvertragsdauer und unfreundlichen Kündigungsfristen.

- Gibt es Einrichtungs-, Setup-, oder Bereitstellungskosten, die erst im Kleingedruckten oder auf Seite 2 genannt werden?

- Aufpassen bei Rabattversprechen (die ersten 2 Monate nur XX Euro), damit täuscht man dich über die tatsächlichen Kosten hinweg.

- Zusatzkosten für mehr Traffic oder Wartungen.

- Vor einer Vertragsbindung immer Informationen einholen. Nutze Google und lese in den Kundenforen des Hosters.

- Fange klein an und erweitere nur bei Bedarf.

- Es kommt nicht immer nur auf den Preis an.

- Managed WordPress Hosting ist allgemeinem Hosting überlegen.

2. Domainname sichern

Das gibt es bezüglich des Domainnamens zu beachten:

- Domains kosten auf das Jahr gesehen um die 15€, manchmal weniger. Oft sind auch schon welche in Hosting-Kombinationen for free mit drin.

- Die Domain eines Blogs transportiert das Thema des Blogs und gibt euren potentiellen Besuchern eine erste Info, worum es sich im Blog handelt.

Oder ob Ihr ein Brand/eine Marke seid.

- Noch bevor überhaupt jemand euren Blog betreten hat, fällt ein guter Name ins Auge. Schlechte vergisst man.

- Auch wenn der Name der Domain früher mehr Relevanz für die Suchmaschinenoptimierung hatte, so sollte man den Domainnamen auch anhand von SEO-Kriterien auswählen.

- **Tipp:** Mit Hilfe von <u>Google Trends</u> kann man sehr schnell herausfinden, welche passenden Keywords besonders populär sind.

- Wenn der Inhalt des Blogs zum Keyword in der Domain passt, dann steht man meist zu diesem Keyword weit vorn in Google. Zudem wird oft mit eurer Domain als Ankertext zu eurem Blog verlinkt

- Wenn in eurer Domain die wichtigsten ein bis zwei Keywords enthalten sind, dann wird sich das auf jeden Fall positiv auf das Ranking eures Blogs auswirken.

- Bei der Wahl der Blog Domain versuche ich immer zwingend darauf zu achten, dass der Blogname und der Domainname gleich sind. Das ist zwar nicht zwingend notwendig, aber es hilft ungemein.

- Wählt man nicht einen völlig unabhängigen Fantasienamen für seinen Blog, dann sollte die Domain zum Blog Thema und Inhalt passen. Die Domain sollte den Inhalt des Blogs wiederspiegeln und Erwartungen der potentiellen Leser wecken, die dann auch wirklich im Blog erfüllt werden. Wenn man Keywords in der Domain verwendet, dann sollten diese auch zum Bloginhalt passen.

- Zur Endung von Seiten: Für einen deutschen Blog würde ich immer versuchen die .de Domainendung zu nutzen. Das zeigt sofort, dass es sich um einen deutschen Blog handelt. Ist man eher international ausgerichtet oder gibt es den absoluten Wunschdomainnamen nicht mehr für .de, dann sind sicher auch Domainendungen wie .com, .net oder .eu möglich. Im Normalfall aber immer die .de wählen.

- Lange wurde im Übrigen darüber diskutiert, ob man Bindestriche wählen sollte, oder ob man mehrere Wörter in der Domain direkt zusammenschreibt. Das spielt zumindest für Google heute eigentlich keine Rolle mehr.

- Ich selbst bevorzuge bei mehr als 2 Keywords in der Domain Bindestriche, da diese einfach besser wahrgenommen wird. Schreibt man mehrere Wörter hintereinander, dann ist es teilweise schwer zu erkennen, wo ein Wort aufhört und ein anderes beginnt

Eine schlecht-gewählte Domain/Blogadresse wird Leser abschrecken, und sich nicht wirklich als Marke eignen. Final macht das auch Google skeptisch bei der Indexierung Deiner Seite. Und lege Dich bitte nicht mit Mama Google an.

Profitipp: Im Einzelfall könnte es sogar mal nützlich sein, dass man eine bereits genutzte Domain günstig bekommt, die dann auch perfekt zum neuen geplanten Blog passt. Der Aufbau und die Weiterführung eines professionellen Blogs nach Übernahme muss dann aber auch genauso profimäßig weitergeführt werden. Obacht, wenn Du noch kein Profi (über Jahre) bist! Die Stammleser werden sehr sehr viel von Dir erwarten.

2ter Schritt im Zuge Deiner Domain-Sicherung:

Wenn Du jetzt über Deine Domain verfügst, hast du auch die Möglichkeit dazu passend Postfächer, Alias-

Adressen (an die jeder schreiben kann, die aber alle in einem Postfach landen) und Weiterleitungen einzurichten. Und zwar nach dem Muster:

christian@domainname.com (nur als Beispiel wäre das bei mir christian@bloggerinterview.com)

Und ist damit schon mal professioneller aufgestellt als mit GMX, WEB.DE oder gar einer Telekomendung bei den freien Anbietern. Privat reicht letzteres aus- im echten Blogger-Business aber nicht. Kunden sehen das! Und hey: Du bist doch auf dem Weg zu Deiner eigenen Marke! Mache das ordentlich mit einer schicken, zur Domain dazugehörigen, E-Mailaddy.

3. Wordpress installieren

Ich will auch jetzt nicht zu technisch werden, diese E-book hier zielt mehr auf den Inhalt, die Vermarktung, sowie auch die Leidenschaft beim Bloggen ab.

Dennoch: ein kleiner Exkurs und eine gute Anleitung für Wordpress-Installationen bei diversen Blogger-Kollegen & Anbietern:

Selbst gehostet mit FTP-Anleitung: https://sergio-sanchez.de/wordpress-installieren/

Anleitung von AllInkl: https://all-inkl.com/wichtig/anleitungen/skripte/blogs/wordpress-version-4.6.1/installation_428.html

…. Ich empfehle für den Anfang eher die 1 Klick Lösungen (bereits beim Anbieter mit Knopfdruck wird Wordpress dort für Dich installiert)- oder eben Managed Hosting (da wird alles für Dich gemacht- Bsp: Raidboxes).

So, Dein Standard- Wordpress mit dem Standart-Theme (das ist das Design) steht jetzt also. Langsam wird es spannend.

4. Blog-Theme finden

Mit einem schönen Theme sieht Dein Blog schon gleich viel schöner aus. Das Theme kannst Du auch erst nachträglich installieren (Deine Inhalte bleiben).

Das Blog-Theme finden. Viele Blogger kennen das. Die gute alte Theme-Suche. Welches Theme passt zu mir? Welche Blogs sind mir selbst aufgefallen? Wie kann ich das in etwa genauso bewerkstelligen? Was kann man übernehmen? Und welche Plugins sind sinvoll bzw. welche Plugins hat der Blogger/die Bloggerin da benutzt?

Je besser die Informationen, desto besser am Ende auch das Ergebnis einer „Blog-Erscheinung." Und mal unter uns:

Die meisten Blogs dort draußen sehen hunds- miserabel und null authentisch aus. Eine Einheitsmasse an vordefinierten Baukästen und Co. Das geht doch schöner, liebe Blogger/innen!

Dafür gibt es abertausende Themes; kostenlos wie kostenpflichtig. Man muss sie nur finden. Hier und da habe ich lange gesucht, unzählige Themes schon selbst teuer erkauft- um am Ende zu merken: Das ist nichts für mich.

Das will ich Euch ersparen, wenn Euch schon ein richtig guter Blog bereits im Kopf rumschwirrt, den Ihr kennt & ähnlich aufziehen wollt.

Vorbilder sind immer gut. Das ist kein kopieren. Ein Kapitel zu Copy Cats findet Ihr ebenso hier im Buch.

Hier ein kleiner Wegweiser für Euch, wie Ihr vorgehen könnt, um das beste WordPress Theme für Euch herauszufiltern – es gibt da nämlich einen Trick, auf den ich gestoßen bin...

Und dieser Trick ist so simpel wie das Amen in der Kirche – die Seite heißt wpthemedetector.com

Hier mal ein kleiner Screenshot für Euch...

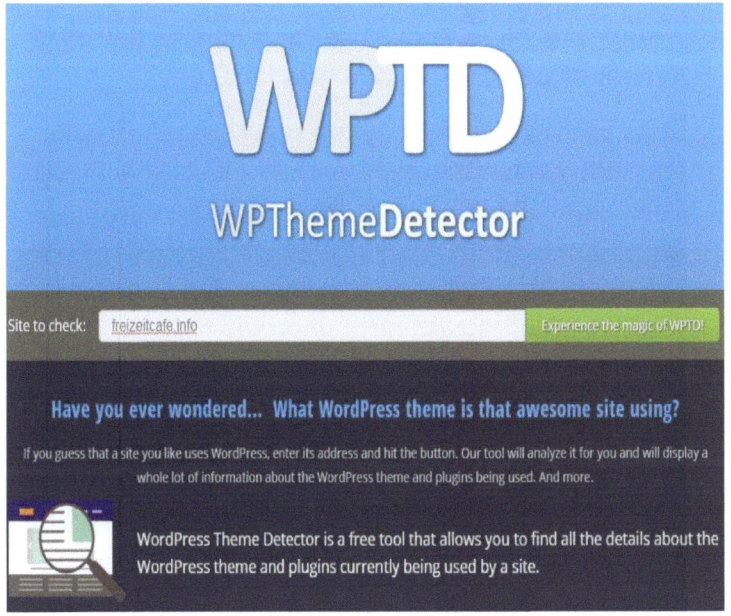

Wirklich einfach: Gebt dort mal Eure(n) Lieblings-blog(s) ein & schon erhaltet Ihr gezielte Infos, welches Theme das ist, wo Ihr es kaufen könnt & vor allem – welche Plugins diese/r Blogger/in benutzt. Bei meinen Abfragen hat es bis jetzt immer funktioniert und hat mir immense Informationen geliefert, damit ich an meinem Blog weiterarbeiten konnte.

... und dann hau endlich (nach allem technischen Aufwand) Deinen ersten Artikel raus!

Eines vorweg: Ein paar Seiten braucht man. Das Impressum ist hierbei ganz ehrlich die langweiligste Seite eines Blogs – leider aber auch die wichtigste Seite. Das Ganze ist eine lästige, da juristische Kiste und damit für Laien, die gedankenlos damit umgehen würden, grundsätzlich nicht unproblematisch.

- **Impressum** also = wichtig! Nutze einen Impressums-Generator (frei und kostenlos beispielsweise von eRecht24)

Und natürlich ganz wichtig die DSGVO- konforme **Datenschutzerklärung auf einer Extra-Seite:** http://www.freizeitcafe.info/die-dsgvo-fuer-blogger-und-wie-man-diese-schritt-fuer-schritt-umsetzt/

- Eine **Das bin Ich-Seite**! Zeige DEIN Foto und DU Dich von deiner besten Schokoladen-Seite. Bitte (Achtung): Nicht irgendein Foto, sondern ein Profi-Foto. Geh ruhig zum Fotografen dafür. Hier ist auch wichtig: Deine-Motivations-Beschreibung. Warum bloggst du? Wofür brennst? Warum deine

Themen im Blog? (nehme maximal 5 Themengebiete). Auf der Über-mich-Seite schweife nie aus, bleibe kurz & informative)

- **Erreichbarkeit/die Kontakt-Seite:** (Social Media und Co.)

- **Eine Skills-Seite (Fähigkeiten)** – am besten auf der MediaKit-Seite

Grundsätzlich finde ich es (im Nachhinein erst später selbst erkannt) auch wichtig, dass Du nach und nach in Deinem Blog Deine Monetarisierung/Deine Leistungen darstellst (über ein MediaKit hinaus - dazu später mehr).

Beispiel: Erwähne Deinen Newsletter, Deinen Podcast, Dein Ebook, Buch oder Dein anderweitiges Produkt/Deine Dienstleistung und/oder Menschen, mit denen Du schon zusammenarbeiten durftest.

Hierbei gilt ebenso: Shine on with your PERSON! Man soll DICH buchen! Zeige aber keine Preise (die handelst Du mit jedem später persönlich aus.)

ERFAHRUNGSBOX

Das war kein Hexenwerk- oder?
Ich gratuliere Dir, dass Du mit dem bloggen
angefangen hast. Fühle Dich nicht gehetzt, wenn
es mal nicht weiter geht. Oder wenn es Dir einfach
nicht zu schnell geht.

Es gibt immer Lösungen und Wege, wie man die
Klippen umschifft. Wichtig ist, immer dran zu
bleiben, lebenslang zu lernen, sich weiterzubilden,
Kurse zu machen, Events von Deinen Vorbildern zu
besuchen und sich immerzu zu vernetzen.

Auf diese Weise habe auch ich immer alles
geschafft und so ziemlich jede Hürde genommen
auf dem Weg zur Freiheit.

Lasse Dir helfen und bilde Dich fort. Das bringt Dir
& damit auch Deinem Blog die Extra-Power!

Contentpflege
Warum sich Contentpflege lohnt!

Wie Du tolle Texte schreibst, erfährst Du ausführlich in diesem Buch. Zunächst einmal fangen wir aber mit den häufigsten Fehlern auf bei der Content-Erstellung an (zum Schutz; bevor Deine schönen Inhalte womöglich im Nirvana sind):

Der Schrecken jedes Nutzers: Fehlermeldung 404 beim Evergreen Content, Du hast den Link umbenannt und den Alten nicht umgeleitet. Oder noch besser:

Du hast Dein schönes Wordpress Theme gewechselt (es gibt immer noch schönere) und einen Fehler nicht bemerkt, ein Plugin-Update gemacht und dabei dann aus voller Kanone Deinen Blog erschossen…

Technisch kann Dir im Laufe Deines Blogging-Lebens sehr sehr viel passen. Sei bedacht bei Änderungen und erwäge immer einen B oder C Lösungsweg zu haben/Dir Hilfe zu holen bei Problemen.

Sicherlich ist die technische Bedienbarkeit (manchmal) auch eine Frage des Alters. Hier habe ich einen witzigen Artikel dazu verfasst: http://www.freizeitcafe.info/mama-du-hast-das-internet-geloscht-eltern-und-technik/

Fakt: Es ist wichtig, dass ihr darauf achtet, dass solche Fehler möglichst nicht vorkommen oder zumindest schnell bemerkt und dann sofort aus der Welt geschaffen werden. Nur wenn Dein Blog fehlerfrei läuft- zieht er auch Besucher an.

Ich „verschreibe Dir" dazu jetzt folgendes...
Eine Verjüngungskur quasi für Deinen Content:

- Ich habe mir angewöhnt, meinen alten Artikeln eine Verjüngungskur zu verschreiben. Denn Google liebt gute Artikel mit reichlich Content und vielen Links.

- Was Google noch liebt, sind Updates von bestehenden Artikeln. Damit kommt der Crawler öfters mal zu Besuch und auch das Ranking steigt.

- Meine Tipps für Google Power Rankings demnach: Zeigt Eure allerbesten & meist-geklickten Artikel an!

Tipp 666: Erstelle eine neue Kategorie "Meine besten" und kennzeichne die betreffenden Artikel damit.

Somit kann nicht nur Dein Blogbesucher deine immer aktuellen und guten Artikel finden, sondern auch du in den nächsten Monaten und Jahren. Nach ein paar Monaten kannst du dann deine Artikel nach dieser Kategorie durchsuchen und hast alle „Evergreens" auf einem Blick.

Auch kannst Du mit Worten spielen und neue Keywords finden. Doch welche Tools nutzt man für einen Keyword-Check?

- Ich persönlich finde SE Ranking ganz gut. Gibt aber auch viele teure Varianten
- Noch mehr gute Tools findest Du im Online-Zugang zum Buch.

Was Du noch unbedingt im Bezug auf die Contentpflege bei Mama Google wissen mußt:

Google ändert immer wieder mal (in der Vergangenheit alle paar Monate & dann plötzlich) seine SEO Richtlinien, Logarithmen und Funktionen.

Das geschieht also öfter als mancher seine Unterhosen wechselt. Was noch vor einem Jahr super an SEO und Google Suchergebnisse angepasst war, ist soeben schon nicht mehr state oft the art.

Deshalb habe ich hier gerade kein Foto/keine Infografik für Dich ☺ Aber aktuelle Tipps findet Ihr ja immer in unserem Online-Zugang….

Weiter geht´s in Sachen Inhalte. Beispielsweise die Erreichbarkeit der Inhalte

Finde ich den Artikel, wenn ich in Google suche? Und wenn ja, geht der Link auch noch? Suche von Zeit zu Zeit nach deinen eigenen Artikeln in Google und anderen beliebten Suchmaschinen. Prüfe, ob dein Artikel in den Suchergebnissen ist, und ob er sich auch öffnen lässt. Wenn du Beitrag Links nachträglich änderst, denke daran eine 303er Umleitung zu machen.

Tolles Content -Tool für starke SEO-Texte (mein Tipp)

Mit Yoast Premium geht das o.g. automatisch, bzw. einfach mit Mausklick. Hier hast Du zusätzlich auch ein Ampelsystem, das Dir zeigt, ob der Artikel TOP ist – oder nicht. Das nutze auch ich.
Nutze Google Page Speed Insights/vor allem auch mobile!

Wie lange lädt Deine Seite? Weißt Du, dass langsame Seiten bis zu 33% und mehr als Besuchern verlieren? Also weg mit aufwendigen Slidern, zu großen Fotos und Co.

Checke auch die Ladezeiten des Artikels. Länger wie ein paar Sekunden darf das einfach nicht dauern. Verkleinere Bilder und Grafiken und evaluiere Caching Plugins. Kein Mensch wartet vier Sekunden, bis Dein Artikel lädt.

Update des Content
Blick auf den Content. Wirklich alles noch aktuell? Hat sich etwas geändert, gibt es zum Thema Neuigkeiten, die ich schnell hinzufügen kann? Passen die Produktbeschreibungen noch? Existiert das Produkt wirklich noch? Neue Bilder Was ist mit den Bildern? Sieht die Aussicht noch so aus wie vor einem Jahr? Oder hat sich etwas geändert? Gibt es ein neueres Bild? Oder vielleicht hast du nun zu diesem Thema noch mehr Bilder oder Videos, die du in den Artikel einfügen kannst.

Auch sehr wichtig, wenn du dich fragst: Sind die Bilder richtig benannt (vermeide 1234.jpg oder abc.jpg als Namen). Habe ich die Keywords in den Alt Attributen eingetragen, lässt sich das Bild schnell laden, oder pennt man dabei ein, habe ich eine passende Beschreibung drin?

Interne und externe Links (Broken Link Checker Plugin für defekte Links benutzen!)

Zu deinem Thema hast du auch sicher auf einige andere Quellen verlinkt, die weiterführenden Content zum Thema liefern sollen. Google mag das sehr. Was Google nicht mag, sind kaputte Links. Artikel mit vielen Fehlerquellen werden von Google vernachlässigt. Darum checke deine Links im Artikel, ob sie noch alle funktionieren. Ergänze mit neuen Links zu Seiten, die weiterführenden Content bieten. Geize nicht mit Backlinks!

Vordatieren

Du kannst diesen Artikel nun auch noch vordatieren, sprich wieder als aktuellen Post posten. Damit bekommt Google nun den selben Link, wie vor einem Jahr nochmal vorgesetzt und wertet den nun als besonders wichtig. Somit wird dein Artikel wieder neu gerankt und gereiht.

Ein weiterer Vorteil ist, du hast wieder nagelneuen Content auf deinem Blog, der für neue Leser sichtbar und für Stammleser wieder ins Gedächtnis gerufen wird. Oder auch nicht. Viele Artikel werden einfach von Lesern vergessen. Auch das nochmalige twittern und auf Facebook posten/bei Google+ selbst oder auf Instagram bringt enorm viel.

Du hast noch keinen Evergreen Content?

Hier meine Lösung:

- Zunächst einmal: Schreibe was das Zeug hält. Mindestens 3x pro Woche!

- Du hast z.B. einen Fitness Blog, dann checke mal Keywords zu diesem Thema. Z.B. "schnell abnehmen", oder "in drei Wochen zum Sixpack" oder "schnell zum Sixpack"usw.

- Mache dir eine Liste der besten Keywords und verwende sie in deinem Evergreen Content. Schreibe über allgemein Gültiges, welches aber vielleicht jetzt auch nicht überall als Weisheit angepriesen wird.

- Suche beim Mitbewerbern, wie Andere mit dem Thema umgehen, welche Perspektiven sie zum Thema bieten.

- Finde heraus, welche Studien welche Daten deine Mit-Blogger verwenden und verlinken.

- Aus den Top Ten der Informationen entwickelst du dann deinen ganz individuellen Approach zu dem Thema.

- Entwickle eine Struktur, in die du diese ganzen Informationen einpasst. Verwende Zwischenüberschriften mit der Verfeinerung des Keywords und einer Erweiterung.

Beispiele für gute Überschriften:

- Schnell abnehmen nach der Schwangerschaft
- Schnell zum Sixpack mit täglichen Übungen.

Mit solche einer Überschrift gewährleistet du, dass dein Artikel nicht nur mit den Top Keywords rankt, sondern nun auch bei den sogenannten Longtail Keywords mit rankt. Mit dieser sogenannten Keywordverfeinerungen rankt der Artikel nicht nur bei den Haupt- KeyWords, sondern wird mit diesem kleinen Trick zu einer richtigen **Power Ranking Bombe** die bei hunderten von Keywords mit rankt und tonnenweise Traffic bringen kann.

Was es bringt?

Wenn du so deine Artikel immer wieder aufpeppst bleiben sie im "Hirn" von Google, und auch Evergreen Content anderer Suchmaschinen, länger erhalten und du steigst mit wenig Aufwand kontinuierlich das Treppchen hinauf.

Guter Content stirbt nie, aber vergammelt irgendwo in den Archiven unserer Seiten. Das muss nicht sein. Wieso das Rad ständig neu erfinden, wenn du es einmal exakt und erfolgreich auf den Punkt gebracht hast?

Neben Shopping und Tagesthemen betreffen die meisten Suchbegriffe in Google Evergreen Inhalte. Mit Evergreen Content wächst deine Reichweite und Traffic ohne großen Aufwand und Verteilungskosten.

Klingt nach viel Arbeit? Ist es auch. Aber der Erfolg wird es rechtfertigen!

So wirkt Evergreen – Content bei Google:

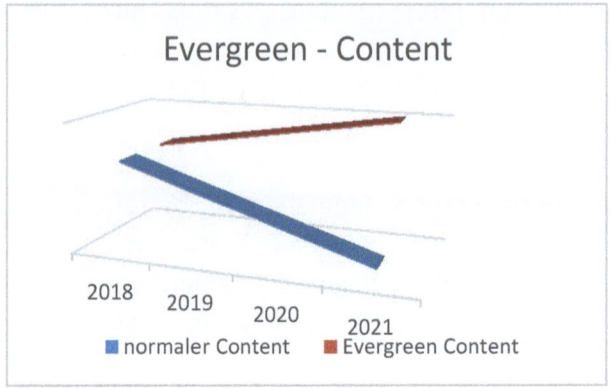

Grafik: MS-Design, Melanie Stadelbauer

Nutze also dieses Google-Ranking-Phänomen für Dich & Deine Inhalte. Merke Dir: Gute Inhalte sterben nie & sind – wohl auch noch für Deine Nachwelt- lebenslang sichtbar. Das zeigt Dir auch, dass Du Qualität und gute Inhalte liefern solltest. Nur das gefällt auch den Suchmaschinen – egal welcher Algorithmus gerade am Werk ist. Schreibe für die Ewigkeit!

Content non Stop

Werde zum Dauerproduzenten mit Top-Inhalten. Hier ist Dein kleiner Wegweiser, wie Du dorthin kommst

Ein guter Blogartikel ist organisiert, strukturiert und übersichtlich. Er „verkauft" unterbewusst Deinem Leserstamm immer eine Lösung.

Denke daran: Wir müssen hier keine Romane schreiben (können). Auch wenn Mama Google Blogartikel mit über 1500 Zeichen liebt; weniger ist oft mehr & der Inhalt ist gekürzt leichter für Deinen Leser zu verdauen. Schreibe für genau diesen einfach-gestrickten Leser. Man muss Dich auch verstehen. Schweife nicht allzu sehr aus, denn dann kommt keiner mehr mit. Diesen Fehler habe ich anfangs oft gemacht.

Hinzu kommt wieder die Psychologie von Blog-Lesern: Im Internet wird größtenteils „gescannt". Das bedeutet, Leute lesen Artikel nicht von oben bis unten durch, sondern sie überfliegen den Artikel, springen hin und her und lesen dann an der interessantesten Stelle weiter. Man möchte mit wenig Zeitaufwand, schnell das Wesentliche herauspicken.

Ein gut strukturierter Artikel mit Unterüberschriften, kurzen Absätzen, Listen, etc. ermöglicht eine gute Übersicht, versüßt aber auch denjenigen das Leben, die Artikel von oben bis unten durchlesen. Oder man fügt noch ein Experten-Video an, um das visuelle zu pushen (aber nur zur inhaltlichen Ergänzung/Unterstützung). Nur ein Video zu posten, wäre zu wenig und ja nicht aus Deiner Feder.

Ich gebe Dir auch mal wieder gerne ein Praxis-Beispiel von mir dazu an die Hand:

Einer meiner besten Artikel ist ganz oben bei Google unter „WhatsApp Sucht" (gebt das mal ein) zu finden:

http://www.freizeitcafe.info/whatsapp-sucht-und-beziehungsfrust-wege-und-mittel-aus-der-dauerbeschallung/

An diesem könnt Ihr kurzweg (ohne viel Geschwafel und Ausschmückung) folgendes sehen:

- Er informiert, klärt auf

- Ist Lösungsorientiert und klaren Handlungsmöglichkeiten bei WhatsApp Sucht (Hilfestellen werden u.a. genannt)

- Hat eine gute Länge (SEO-freundlich über 350 Zeilen/richtige Überschrift & Keyword verwendet – die Yoast Ampel/das beste Plugin für SEO, ist grün).

- Es wurde oft kommentiert/der Artikel hat die Menschen so bewegt, dass die persönliche (wie ich finde heftige) Erfahrungen aus Ihrem eigenen Leben und Umfeld schilderten.

Dieser Artikel hat Mehrwert geschaffen. Nur um das geht es beim Schreiben.

3 Artikel, wenigstens einer in der Woche, sollten Dein erstes Ziel sein.

In meiner heftigsten Schreiberzeit habe ich voller Elan in einem Monat einmal knapp 80 Artikel verfasst. Aber das war schon echt crazy (Platz 6.000 in ganz Deutschland vom Traffic her erreicht). Wie Ihr das im Übrigen alles messen könnt und Co. erfahrt Ihr u.a. <u>in unserem 1 MIO Bloggertipps-</u> Online-Zugang (die online-Erweiterung Deines Ebooks mit noch mehr Profi-Tricks und Hacks zur Umsetzung) auf:

www.bloggerherz.de/1miobloggerherzvip

Instablogger

Eine komplett unterschätzte Gruppe in Deutschland

Im Kommen ist das sogenannte Instabloggen. Echte Blogger rümpfen die Nase. Tatsächlich werden hier die schmalen Möglichkeiten der Facebooktochter für das Bloggen genutzt.

Die Texte unter den Fotos werden immer länger. Und weshalb? Weil dort das Publikum ist. Wer eh schon bei Instagram mitmischt, der sieht das als logische Folge. Außerdem ist es eine sehr gute Möglichkeit, für stetigen Content zu sorgen. Wer auf Instagramm „bloggt" erhält durch die Verknüpfung mit Facebook auch auf FB neue Einträge. Denn alles, was du auf Instagramm postest, taucht automatisch auf FB auf.

Problematisch allerdings sind die dürftigen Möglichkeiten, die einem geboten werden. Keine Verlinkungen, keine eigenen Seiten, keine wie auch immer geartete Gestaltung von Text und Bild. Ausgeglichen wird das mit einer Flut von Hashtags und Emojis. Einzig die Möglichkeit, die Instagram-Beiträge bei Facebook erscheinen zu lassen, macht das Ganze tatsächlich attraktiv. Denn so muss der Beitrag nicht doppelt (Instagram und FB) erstellt werden.

So bildet sich ein eigener Stil heraus.

Und wer weiß, womöglich reagiert der Dienst eines Tages und unterstützt seine Nutzer mit neuen Bloggingfeatures. In naher Zukunft geplant ist zumindest, dass unter den Bildern mehr Raum für Text geschaffen werden soll, um so den Bloggern entgegen zu kommen.

Das ist auch sinnvoll, denn sonst würden die Blogger irgendwann auf andere Kanäle ausweichen, was wiederrum zu Einbußen für Instagramm führen würde.

Gänzlich ersetzen wird das aber das richtige Bloggen nicht. Am Smartphone allein ist einfach zu wenig Platz zur Entfaltung. Da geht an PC und Laptop mit 2 Händen und 10 Fingern schon wesentlich mehr ☺

Copy Cat in eigener Sache:
So lernst und adaptierst Du von den besten-
Kopieren ist doch gar nicht erlaubt, oder doch?

Genau genommen ist es natürlich nicht erlaubt, einfach den Text von jemanden zu kopieren und selbst weiterzuverwenden. Es gibt aber dennoch Möglichkeiten, wie du „kopieren" kannst, ohne tatsächlich zu kopieren.

Ich hole mir zum Beispiel sehr viel Input im Internet und in Büchern. Das darin enthaltene Wissen verinnerliche ich, und gebe es in meinen eigenen Worten weiter. Das ist weder geistlicher Diebstahl, noch ein Plagiat.

Dirk Kreuter ist zum Beispiel jemand, von dem ich sehr viel lerne. Er gibt vor dem Verkauf sehr wertvollen Gratis-Content heraus, aus dem man viel Wissen ziehen kann. Dirk gilt als „alter Vertriebs-Hase" der es geschafft hat, die Verbindung zwischen Offline und Online herzustellen. Mit einem jungen Online – Team erstellt er unheimlich gute Anleitungen zum beruflichen und privaten Umsetzen bereit.

Ich treffe des öfteren auf ihn. Kleiner Tipp: Besucht die Vertriebsoffensive für den Anfang, wenn Ihr mitreden wollt. Bin auch immer da ☺.

Meine Blogartikel dazu, welche auch in Dirk´s Pressebereich gelandet sind, findest du unter:

http://presse.dirkkreuter.de/erfahrungsbericht-vertriebsoffensive-freizeitcafe/

Auch **Nico Lampe** ist jemand, von dem man sehr viel lernen kann. Gerade einmal 20 Jahre alt verdient er bereits 40.000€ monatlich nur durch Online-Marketing.

Von ihm habe ich bei unseren bisherigen Aufeinandertreffen ebenfalls sehr viel gelernt. Auch er bekommt hier als einer meiner treuen Wegbegleiter ein Extra-Kapitel in meinem Buch.

Von anderen Menschen kannst du immer lernen. Sie bereichern dich! Egal, ob sie jünger oder älter sind als du. Alleine hast Du keine Chance! Merk dir das für deinen Weg!

Eine weitere Möglichkeit, legal das Wissen Anderer zu nutzen, ist die direkte Verlinkung eines Artikels.

Wenn dir der Artikel von einem Blogger gut gefällt, dann kannst du in eigenen Worten etwas darüber schreiben, und nach deinem eigenen Text noch den Hinweis „einen weiteren sehr guten Bericht zu diese Thema hat … geschrieben.

Hier geht's zum Artikel: - „Link zum Zielartikel einfügen"

Diese Möglichkeit bietet zwei wertvolle Lösungen in Einer:

Du hast das Thema selbst aufgegriffen und holst dir damit die Leser auf deinen Blog, und zusätzlich setzt du einen Affiliate – Link.

Besonders schlaue Blogger schreiben den verlinkten Blogbetreiber an und fragen nach, ob er Interesse an einer gegenseitigen Kooperation hat. Er setzt bei sich einen Link zu dir und du den Link zu ihm. Somit habt ihr beide etwas davon, ohne voneinander ab-geschrieben zu haben.

Und im „Notfall", wenn dir gar nichts eigenes dazu einfällt" kannst du immer noch den Text zusammen mit der Quelle zitieren. Wichtig ist nur immer, nie-mals zu „kopieren" ohne den Urheber kenntlich zu machen. Dazu gleich noch mehr.

Achtung Fallen umschiffen – Urheberrecht beachten!

Das liebe Urheberrecht... das ist ein leidiges Thema, erst recht, seit es die DSGVO gibt. Denn nun gibt es noch mehr Möglich-keiten, wie du Ärger bekommen kannst, wenn deine Quellen nicht ordentlich ge-nannt werden.

Es gibt Anwälte in ganz Europa, die sich auf das Thema spezi-alisiert haben und den ganzen Tag nichts Anderes machen, als das Internet nach ver-meintlichen Plagiaten und Urheber-rechtsverletzun-gen zu durchforsten. Werden sie fündig, dann gibt's eine fette Abmahnung für den, der das Urheber-recht verletzt hat. Und das kenn sehr schnell sehr teuer werden.

Bisher hatten nur deutsche Anwälte diese Möglich-keit bei in Deutschland ansässigen Personen. Durch die DSGVO gibt es diese Möglichkeit aber Europa-weit, was das Ganze noch viel kritischer macht.

Einen Bericht dazu findest du auf meinem Blog unter http://www.freizeitcafe.info/1375-euro-fuer-ein-foto-im-blog/

Diese Geschichte ist leider nicht erfunden, sondern mir selbst passiert. Genau, wie auch schon vielen an-deren Bloggern vor mir und auch nach mir.

Nun stellt sich die Frage, was denn alles unter das Urheberrecht fällt.

Genau genommen darfst du nicht einmal ein Bild deines Kindes im Internet hochladen, ohne die Einverständnis von dem Kind zu haben.

In solch einem Fall kannst du jetzt noch damit argumentieren, dass du das Sorgerecht hast und somit für dein Kind entscheiden kannst.

Aber was ist mit den vielen anderen Bildern, die du im Internet finden kannst?

Für Bilder, egal welcher Art, gilt:

Der Verfasser hat die Rechte!

Selbst bei Fotos, die du auf Portalen wie zum Beispiel Pixabay findest, musst du noch aufpassen. Dort gibt es viele Bilder, die tatsächlich komplett zur Nutzung freigestellt sind. Die dürfen dann auch kommerziell genutzt werden, oft muss nicht einmal eine Bildquelle genannt werden. Dennoch gilt äußerste Vorsicht.

Welche Art von Lizenz für das Bild vorliegt, steht dabei! Wenn du dir nicht sicher bist, ob die Lizenz für deine Zwecke ausreichend ist, dann schau dir die Lizenzbedingungen des Portalbetreibers an. Diese sind meistens direkt per Mausklick zu erreichen.

Besondere Vorsicht gilt für Fotos von Prominenten. Wenn du zum Beispiel ein Bild von einem Fußballer im Internet findest, darf das NIEMALS für kommerzielle Zwecke genutzt werden. Für diese Fotos findest du meistens die Lizenz für „Redaktionelle Zwecke". Diese Lizenz gibt dir aber nur die Erlaubnis, dass du das Bild in einen Bericht über diesen Fußballer einbauen darfst. Sobald es dafür herhalten soll, damit Geld zu verdienen, ist die Lizenz nicht mehr ausreichend.

Das wäre zum Beispiel der Fall, wenn du ein E-Book über eine öffentliche Person schreibst, und auf dem Cover das Bild dieser Person erscheinen soll.

Hierfür müsstest du tatsächlich direkt bei der Person oder dem Management dieser Person anfragen und um eine schriftliche Genehmigung bitten. Und die kosten dann natürlich sehr viel Geld!

Eine weitere Möglichkeit, um legal an Bildmaterial zu kommen, ist Stockmaterial. (z.B. Adobe Stock, Shutterstock etc.)

Hier kannst du für wenig Geld Lizenzen erwerben.

Aber auch hier ist Vorsicht geboten. In den klassischen Abo´s von z.B. Adobe Stock ist zwar die Lizenz für die Verwendung innerhalb eines Textes, oder auf Websites und Blogs beinhaltet. Aber auch hier musst du ordentlich blechen, wenn du das Bild verwenden möchtest um Geld damit zu verdienen.

Und wie sieht es mit dem Recht bei einem Text aus?

Das ist im Prinzip genauso, wie bei Bildern. Die Rechte liegen immer beim Verfasser. Außer, er gibt die Rechte an dich ab.

Hier gibt es ebenfalls verschiedene Möglichkeiten, das Urheberrecht einzuhalten. Zitate gehören als solches Markiert und der Verfasser genannt.

Texte von anderen Bloggern mit dem Urheber versehen und am besten auf seine Seite verlinken.

Und eine weitere, sehr häufig genutzte, Möglichkeit ist der Einsatz von Ghostwritern.

Diese Möglichkeit wird von vielen Blogbetreibern sehr gerne genutzt, wenn sie zum Beispiel innerhalb kurzer Zeit sehr viel Content benötigen.

Wenn du das machen möchtest, dann suchst du dir Leute, die gut schreiben können und bezahlst sie dafür, dass sie dir die Texte zu einem bestimmten Thema liefern. Kurze Blogtexte bekommst du in der Regel schon für wenig Geld. Achte dabei darauf, dass die Rechte am Text übertragen werden, damit der eigentliche Urheber keine Ansprüche dir gegenüber geltend machen kann.

Mehr zum Thema Urheberrecht findest du unter:

https://www.urheberrecht.de/

Informiere dich gut darüber, was du darfst und was nicht. Und im Zweifel vielleicht mal einen Anwalt fragen. Das ist immer noch günstiger, als eine Abmahnung zu kassieren!

Wie schreibe ich einen guten Text

„Warum bedauern wir Leute, die nicht reisen können? Weil sie sich, indem sie sich äußerlich nicht ausbreiten können, auch innerlich nicht auszudehnen vermögen, sie können sich nicht vervielfältigen, und so ist ihnen die Möglichkeit genommen, weitläufige Ausflüge in sich selbst zu unternehmen und zu entdecken, wer und was anderes sie auch hätten werden können."
Zitat von Pascal Mercier

Wie man einen guten Text schreibt, ist fast noch wichtiger zu wissen, als alles rund ums Marketing und die Technik. Denn auch ein noch so gut beworbener Text bringt dir nichts, wenn der Inhalt deines Blogs die Leser nicht packt.

Um einen Text so zu schreiben, dass deine Leser ihn auch tatsächlich lesen, und am besten auch noch in den sozialen Medien teilen, solltest du ein paar wichtige Punkte beachten:

- Der Inhalt muss so gewählt werden, dass er deine Leser auch tatsächlich interessiert. Schreibe lebensnah und erzähle aus Erfahrungen. Es gibt fast nichts Langweiligeres, als den 1000. Artikel über irgendeine Power – Diät zu lesen. Davon gibt es schon mehr als genug Artikel im Netz.

- Such dir Lücken. Durchforste das Netz mal nach den Inhalten, die dir so in den Kopf schießen und lies dir bestehende Artikel durch.
Viele Bereiche sind „Trend – Bereiche", über die dann innerhalb einer gewissen Zeit Unmengen an Artikel geschrieben werden. Solche Texte sind für die Leser meist nicht mehr wirklich interessant. Es sei denn, dein Text bietet noch etwas mit an, was einen echten Mehrwert für deine Leser hat.

- Der Header muss auf den Inhalt hindeuten und sich interessant anhören. Hierfür gehört in die Überschrift auf jeden Fall mindestens ein Schlagwort, das zum Inhalt des Textes passt. Schreibst du zum Beispiel einen Artikel über die Sportart „Calisthenics" dann könnte der Header folgendermaßen lauten:
„Calisthenics- nur ein neuer Trendsport oder tatsächlich effektiv?"

- Die Einleitung in den Text fasst den gesamten Inhalt schon mal kurz zusammen und macht neugierig. In unserem Beispiel wird kurz beschrieben, dass Calisthenics eine neue Trendsportart ist, mit der der komplette Körper rein mit dem eigenen Körpergewicht und Muskelkraft trainiert wird. Am Ende der Einleitung folgt dann ein Satz wie z.B. *„In diesem Artikel erfahrt ihr, wie ihr diesen Trendsport ganz einfach überall und zu jederzeit betreiben könnt."*

- Der Rest des Artikels beschreibt dann noch näher, woher der Sport kommt, wie man trainieren kann und wo es zum Beispiel schon öffentlich zugängliche Calisthenics-Parks gibt.

- Die Zwischenüberschriften unterteilen den Text in Leserfreundliche Abschnitte

- Und am Ende folgt noch einmal eine kurze Zusammenfassung oder bei einem Text z.B. über gesundheitliche Themen der Hinweis, dass du kein Arzt bist und deine Leser bei anhaltenden Beschwerden (bei Sport zum Beispiel der Hinweis auf chronische Rückenschmerzen) bitte einen Arzt zur Abklärung der Ursachen aufsuchen sollten.

Wichtig ist immer, dass ihr die Spannung haltet. Also die endgültige Auflösung, ob das nun nur mal wieder ein Trendsport, oder ein echt effektiver Sport ist, darf nicht am Anfang erfolgen, sondern immer erst so nach und nach im Text.

Schreibblockade?

Schreibblockaden sind der Albtraum eines jeden Bloggers. Wenn die persönliche Muse plötzlich ein Nickerchen einlegt und uns partout nichts mehr einfällt, sprechen wir von einer Schreibblockade. Der Duden beschreibt diese als "Unfähigkeit, etwas zu schreiben" und trifft den Nagel damit auf den Kopf. Eine Schreibblockade ist aber noch nicht das Ende deines Artikels oder gar Blogs. Es gibt durchaus Tipps, die tatsächlich dabei helfen können, eine Schreibblockade zu überwinden:

- **Strukturiere deinen Beitrag**
  Es ist wichtig, den Beitrag zu strukturieren. Eine Mindmap kann dabei helfen. Sie beinhaltet am Ende alle Punkte, die im finalen Beitrag stehen sollen. Wichtig ist dabei nicht, den Beitrag mit dem ersten Satz anzufangen.
- Fange den Beitrag stattdessen mit dem ersten Gedanken an!
  Ich schreibe meine Artikel und Bücher meist

so, dass ich zuerst die Zwischenüberschriften erstelle. So habe ich eine Übersicht, was thematisch alles in den Text muss. Und dann arbeite ich die einzelnen Bereiche ab. Nicht zwingend der Reihe nach, sondern so, wie mir die Ideen dazu dann kommen.

- **Übung macht den Meister**
  Und weil das so ist, können kleine Schreibübungen helfen, die Schreibblockade zu lösen. Schreibe spontan eine kleine Geschichte, die absolut gar nichts mit Deinem Beitrag zu tun hat oder verschriftliche, welches Problem du gerade hast und wo es hakt. Wer viel und regelmäßig schreibt, hat viel seltener Schreibblockaden.

- **Zeit für einen Tapetenwechsel**
  Sogar Wissenschaftler belegen, dass das räumliche Umfeld sich auf den Geist auswirkt.

- Achte deshalb nicht nur darauf, dass dein Arbeitsplatz immer ordentlich ist, sondern setzt euch mit eurem Laptop auf den Balkon, in einen Park oder ins Café und schreibt euren nächsten Beitrag von dort! Vor allem digitale Nomaden/Blogger können genau das. Nur gemütlich und inspirierend/ruhig muss dieser Ort der Kreativität sein.

ERFAHRUNGSBOX

Bist Du nur Be-werter, oder ein Macher? Schaue immer- gerade auch und wenn Du viele Inhalte produzierst, ob DU es besser machst. Kritisiere nicht nur, sondern werde selbst zum Vorbild für andere. Es gibt immer mal wieder bessere und schlauere Menschen - aber das kann Dir egal sein, wenn Du Deinen Weg gefunden hast. Und wenn Du überdies auch noch gut, klar- verständlich - und vor allem Inhalts-reichen mit Mehrwert jeden Tag für Deine Leser bloggst, werden Dir die Herzen nur so zufliegen.

Pflege das, was Du bereits geschrieben hast. Google mag es tatsächlich, wenn Du alte Artikel entstaubst und wieder vorne in Deinen Best Of Artikeln zeigst. Manchmal wundere auch ich mich darüber, was ich schon alles geschrieben habe. Manchmal bist Du noch – Jahre später – regelrecht begeistert. Probiere das ruhig mal aus – es wird sich lohnen.

Monetarisierung

Wie mache ich meinen Blog Step by Step zu einem Unikat?

Faustregel Nummer 1: Du musst Dein kleines Haus/Deinen Blog von Grund auf (über Jahre!) solide aufbauen. Das Blog (so heißt es eigentlich richtig), ist nicht Dein Haupt-Business, sondern Verstärker Deines Tuns. Das, für was Du „brennst" & was Du anderen „vermitteln" willst. Als „Online-Mensch" bist Du nun angreifbar, weil Du Aufmerksamkeit erzielst.

Dein Unikat muss wachsen. Gib dem Wachsen Zeit. Die Monetarisierung kommt nicht von jetzt auf gleich. Angreifer musst Du abwehren lernen - und filtern können, was wichtig ist und was nicht.

Einen interessanten Artikel mit dem reißerischen Thema „Facebook als Machtgefühl" habe ich im Zuge dieser „Angreifer-Mentalität von anderen" während meiner Monetarisierungs-Phase bereits im März 2016 geschrieben. Jener schlug hohe Wellen in der Blogosphäre und ist bis heute aktuell geblieben in Punkto Anfeindung/Nichts gönnen:

http://www.freizeitcafe.info/facebook-als-machtgefuehl/

Dieses Beispiel soll Dir aufzeigen: Die Monetarisierung Deines Blogs kann beginnen, wenn Du bereit bist, mit Kritik leben zu können. Mit der Zeit lernst Du das.

Social Media ist immer Kritik, bisweilen Kampf. Du musst nur wissen, wie man die Meute in den Griff bekommt bzw. den Shitstorm nicht selbst provoziert - mit seinem Wording und Reaktionen. Begib Dich niemals in die Opferrolle.

Merke Dir: Lederhaut zulegen! Menschen sind immer kritisch (vor allem mit denen, die Erfolg haben).

Erfolgreiche Blogs (die bereits monetarisiert sind), sind kleine Magazine hinter denen ein Vollblutblogger steht, der mit ganzen Einsatz und großem Herzen seine Sache vorantreibt. Wer so bloggt, will etwas für seine Leser erreichen. Ein gutes Blog unterhält nicht, es löst Probleme; es gibt Beispiele und Hilfestellung und bereichert so seine Leser.

Einer ist hier zum Bleistift seit Jahren der bekannte Selbstständig- im-Netz-Blog von Peer Wandiger:

https://www.selbstaendig-im-netz.de/

(für alle, die selbstständig im Netz Geld verdienen wollen- wie der Name schon sagt...

...siehe Kapitel zuvor auch als excellentes Beispiel zur Domain-Auswahl, da thematisch passend ☺).

Schritt für Schritt

Bei der Monetarisierung Deines Blogs solltest Du Dir Schritt für Schritt vor allem die Vorteile eines Blogs zu Nutzen und zu eigen machen, welche ich Euch hier einmal aufführe (arbeite das ab und verwirkliche das, um durchzustarten!):

- **Schreibe persönlich**!
  Viele Websites wirken sprachlich unpersönlich – manchmal auch werblich. Dein Blog punktet mit persönlicher Ansprache. Bleibe persönlich bei Deiner Monetarisierung. Das punktet und wirkt ehrlich. Persönlich ist erfolgreicher als unpersönlich.

- **Steuere und lenke bis alles perfekt ist.**
  Unternehmen können mithilfe ihres Blogs die eigenen Inhalte steuern und sichtbar machen. Das Corporate Blog bietet die Möglichkeit auf alle Online Aktivitäten des Unternehmens zu verweisen. Im Gegensatz zu anderen Content-Plattformen sind die Autoren und Macher der Inhalte

sichtbar und ansprechbar.

- **Firmen lernen von Bloggern.**
  Nutze den Vorbild-Faktor auch für Deinen
  Blog. Sogar Daimler Benz macht das
  mittlerweile eindrucksvoll, gemacht mit dem
  richtigen Blogger dahinter, auch ein Vorbild.
  Ein klarer Monetarisierungsfaktor - diesmal
  aus Firmensicht. Mache Dich/Deine/die
  Firma sichtbar. Nicht über Nacht, sondern
  wie gesagt: schrittweise. Der Erfolg kommt
  (meist) nicht über Nacht!

- **Contentmix**
  Storytelling, Videos und Infografiken
  gehören zu einem gelungenen Contentmix.
  Infografiken könnt Ihr beispielsweise via
  Canva erstellen und/oder via Fiverr für wenig
  Geld bestellen. Diese Formate sorgen für
  Interaktion mit der Zielgruppe.

- **Vorsicht, wo Du platzierst!**
  Die genannten Formate lassen sich in den
  sozialen Netzwerken platzieren. Dort haben
  sie allerdings eine geringe Lebensdauer. Auf
  Deinem Blog wirken solche Arbeiten einfach
  länger nach. Im immer erneuerten Status-
  und Meldungsdschungel auf Facebook und
  Co. geht Deine gute Arbeit recht schnell

unter bzw. wird nicht wert-geschätzt.

- **Fehler vermeiden**
Allein soziale Netzwerke zur digitalen Kommunikation zu nutzen, kann also nicht der richtige Weg sein. Denk an DEIN HAUS, denn nochmal: Die genannten Content-Formate haben auf Blogs eine deutlich längere Lebenszeit. Beachte dies bitte bei Deiner Monetarisierung.

- **Freiheit nutzen**
Blogs sind die einzigen Online-Plattformen, auf denen Autoren und Unternehmen, innerhalb des rechtlichen Rahmens, die Regeln selbst bestimmen können. Keine AGB und keine Netzwerkvorgaben schränken hier ein. Fühle Dich frei – innerhalb der gesetzlichen Rahmenbedingungen natürlich- um Dich und den Blog zu monetarisieren. Hier kannst Du Dich wirklich kreativ ausleben und gleichzeitig alle Rechte und Regelungen einhalten (wie die nervige DSGVO beispielsweise). Hilfe-Artikel (bereits schon über 25.000 Mal bei Facebook geklickt) hier dazu nochmal von mir (bitte umsetzen, um rechtssicher zu sein!):

http://www.freizeitcafe.info/die-dsgvo-fuer-blogger-und-wie-man-diese-schritt-fuer-schritt-umsetzt/

- **Blogge regelmäßig.**
Zeige, dass es Dich gibt & Du mithältst. Nicht einschlafen! Blogs können lebendige Plattformen sein, auf den sich Inhalte weiterentwickeln. Es kann auch mal ein alter Artikel aus dem Archiv mal wieder nach vorne geholt werden und glänzen wie ein Diamant. Artikel lassen sich ergänzen und updaten, Social-Media-Inhalte integrieren ist Pflicht bei Deiner Monetarisierung.

Und das Geld?

Ganz wichtig ist (für die meisten), dass auch nach und nach das Geld im Zuge der Monetarisierung fließt.

Du wirst Dir nach und nach immer mehr Einnahmequellen durch und mit Deinem wachsenden Blog/der wachsenden Leserschar erschließen.

Eine von vielen Einnahmequellen bei der Monetarisierung (hier werden auch noch eine Vielzahl von weiteren Quellen in den nächsten Kapiteln benannt) wäre beispielsweise die VG Wort. Hier eine kleine Beschreibung dazu (weil viele das nicht kennen):

Die „ *Verwertungsgesellschaft WORT* " ist ein rechtsfähiger Verein, dessen Aufgabe es ist, Tantiemen an Autoren aller Art auszuschütten. Das Geld dafür stammt aus den Abgaben für (Foto-)Kopien, und zwar hauptsächlich von Druckern und Scannern, aber auch aus sonstiger Nutzung von Schulen, Museen, Krankenhäusern, Bibliotheken, Lesezirkeln, Pressespiegeln und Weiteren, die urheberrechtlich geschützte Werke von Autoren verleihen oder zum Lesen zur Verfügung stellen. Klingt langweilig. Doch da kommen dreistellige Millionenbeträge im Jahr zusammen. Die gehen zwar überwiegend nicht an Blogger, doch ein Stück des Kuchens kannst du abbekommen.

Dazu müssen deine Texte im Wesentlichen zwei Bedingungen erfüllen: Sie müssen lang genug sein, nämlich 1.800 Zeichen pro Posting (es gibt Ausnahmen). Und sie müssen gelesen werden, also Traffic haben. Die VG Wort verlangt 1.500 Abrufe pro Jahr – das sind rund 4,1 pro Tag.

Um an den Geldbetrag zu kommen, ist eine Anmeldung und der Abschluss eines Wahrnehmungsvertrages nötig – das ist kostenlos. Außerdem müssen infrage kommende Seiten mit einem Zählpixel geimpft werden. Die Resultate sind dann einmal im Jahr der VG Wort zu melden. Das ist Arbeit, aber wenn man die einmal hinter sich gebracht hat, hält sich der weitere Aufwand in Grenzen. Einmal gemeldete eigene Seiten werden zukünftig automatisch gezählt.

Mein Fazit: Die VG Wort ist eine eher langfristige Angelegenheit. Man braucht etwas Geduld. Einsteigen kannst du jederzeit, auch heute.

Allerdings hast du dann kein volles Jahr für die Zählung zur Verfügung. Gemeldet wird im Dezember. Das Geld fließt einmal im Jahr, im darauf folgenden Oktober. Derzeit sind zwölf Euro pro Beitrag zu erwarten.

Klingt wenig, aber rechne das einfach mal hoch. Wenn du viele gut laufende Beiträge geschrieben hast, die in das genannte Raster fallen, kommt da einiges zusammen im Jahr. Ist es für Dich einen Versuch wert?

Beim Zählen helfen dir diese komfortablen und kostenlosen WordPress-Plugins:

- <u>Prosodia</u>
- <u>Worthy</u>

Da dieses Thema Geld verdienen Dir auf Deinem Weg zum Onlinemaketer / Instagrammer/ in Berufsblogger(in) sehr wichtig ist und viel Input erfordert, ist ihm später im Buch noch ein eigenes Kapitel gewidmet.

Monetarisierung bis hin zur festen Einnahmequelle braucht seine Zeit

Wenn du dein Blog über einen längeren Zeitraum hinweg etabliert hast, kannst Du einen monetären Vorteil aus deinem Werk zu ziehen. Am Ende lohnt sich die Mühe.

Manchmal willst Du alles hinschmeißen, weil es Dir nicht schnell genug geht damit. Bleibe dran, halte durch. Denn eine „Kommerzialisierung" eines Blogs hat keinen Zweck oder Sinn, wenn du noch am Anfang stehst. Du musst Dich erst durchbeißen.

Ein Blog muss Inhalte vorweisen können und über ein Publikum verfügen. Ist das geschafft, stehen dir zahlreiche Möglichkeiten und Wege offen.

ERFAHRUNGSBOX

Sei selbst die Marke. Baue Dich auf. Jeden Tag. Schaue immer wieder mal rein, was man über Dich findet, wenn man Dich googelt.

Wie ist Dein Selbstbild?

Wie ist Dein Fremdbild?

Wo willst Du hin und noch wichtiger: Was willst Du in Deinem Leben erreichen?

Was ist Deine, ganz eigene Mission?

Wenn Du die Antwort auf diese Fragen weisst, bist Du bereits eine Marke und Du wirst Deinen Weg meistern.

Du schaffst das!

Gehackt- was nun?

Eine schlimme Situation, wenn Du gehackt wurdest. Alles steht plötzlich auf dem Spiel: Deine ganze investierte Zeit, Deine Blogartikel, Dein Google-Ranking, Das Staunen Deiner Kooperationspartner wo denn Ihre bezahlten Artikel hin sind (Rückforderungen an Geldern?), Dein Ansehen und noch viel viel mehr. Cyber – Kriminalität, so nennt sich das, ist mittlerweile so umfangreich, dass viele Versicherungen für Unternehmen bereits eine eigene Cyber-Versicherung anbieten.

Viele Unternehmen wurden schon Opfer von Hackern und mussten tief in die Tasche greifen, um den entstandenen Schaden beheben zu lassen. Dabei ist unerheblich, ob das ein großer Konzern ist, oder das kleine Unternehmen, welches von zu Haus betrieben wird.

Und hier gehen die Hacker bis zum Äußersten. Datenklau ist dabei nur der Tropfen auf dem heißen Stein.

Viele Blogbetreiber denken, dass sie ja nichts haben, was für Hacker interessant werden könnte. Es wird ja eh alles veröffentlicht... Doch dieses Denken ist leider absolut falsch.

Stelle dir mal vor, auf deinem Blog tauchen plötzlich Artikel auf, die rechtsextrem sind, oder allgemein gewaltverherrlichend.

Ohne es zu wissen werden unter deinem Namen pornografische Bilder verbreitet oder berühmte Personen bedroht….

Das kann dich nicht nur dein Ansehen kosten, sondern dir alles zerstören, was du dir aufgebaut hast. Im schlimmsten Fall bist du derjenige, der dafür die Verantwortung tragen muss, weil du nicht nachweisen kannst, dass du gehackt wurdest.

Deshalb ist es unumgänglich, dass du dich mit diesem Thema befasst und deinen PC und die Daten, die du darauf gespeichert hast, umfassend sicherst.

Neben einer Cyber – Versicherung, die im Schadensfall zumindest für die entstandenen Kosten aufkommt, muss dein Blog auf jeden Fall so gesichert sein, dass niemand ohne dein Einverständnis Zugang zum Backend bekommt.

Wie du dich im Detail absichern kannst, erfährst du unter

www.bloggerherz.de/1miobloggerherzvip

ERFAHRUNGSBOX

Meine Leidensgeschichte: Das übelste, was einem Blogger passieren kann, ist eingeschleuste Malware. Ich hatte dieses Problem damals eindeutig unterschätzt & glaubt mir: Man braucht tatsächlich eine schier unüberwindbare Mauer mit vielen Streitkräften gegen die schadhaften Eindringlinge: A´la The Walking Dead!

Wie ein Zombie fühlte ich mich jedoch an dem Tag, als nichts mehr ging. Kein Zugriff mehr; irgend-etwas fraß von innen meinen Blog und Jahrelange Arbeit auf. Das ist ein Gefühl in der Magengegend, was ich Euch nicht beschreiben will. Auch meine Online-Sicherungen wie bei Updraft Plus oder mein Hoster konnten mir bei diesem Wurm nicht weiterhelfen. Es war ein gezielter Hackerangriff aus dem Ausland. Nun denn – man ist ja Macher und Lösungs-Sucher. Nach eifriger Recherche fand ich dann irgendwann doch einen ausländischen (!) Dienst namens Sucuri.net . Dort fand ich zu meinem Glück Experten, die wirklich alles für ein paar hundert Euronen bereinigten und den Wurm für immer aus dem System fegten. An diesem Tag fiel mir ein großer Stein vom Herzen.*Sucuri hat mir mein Blogger-Leben gerettet.*
Mittlerweile bin ich auf solche Angriffe natürlich besser vorbereitet und kann jede Seite blitzschnell wieder hochziehen – eine nützliche Erfahrung.

Vernetzung und Freundlichkeit statt Hater

– das A und O – auch im Blogger-Business

Kooperation ist ein Geben und Nehmen mit ganz viel Respekt und Freundlichkeit beidseitig- gerade unter Bloggern sollte das die oberste Devise sein!

Wie unter echten Freunden sollte man unter Bloggern, die sich eigentlich & besser gegenseitig unterstützen denn bekriegen sollten, Respekt und Achtung bewahren oder währen lassen.

Heißt: Nicht einfach gedankenlos in die Tastatur drauflos-kloppen wie ein störrisches Kind, sondern sich einfach mal ein paar Gedanken darüber machen, was man wie wem schreibt. Der Schutzmantel der Anonymität macht jene Wutausbrüche wohl leichter – Abschreiben, wenn einem die Argumente des anderen nicht passen. So geht man immer leichter durchs Leben.

Man muss ja das Neue nicht sofort umarmen oder „lobpudeln bis zum Abwinken", ABER….

… sich darin üben, seine Kritik von sachlich nicht einfach auf persönlich umzuschalten, wenn man merkt, dass man nicht im Recht ist. Mir ist aufgefallen, dass gerade in der Blogosphäre ein hoher Grad an Missgunst, Vertrauenslosigkeit, ätzender Ablehnung vieler neuer (& oft guter, gemeinschaftlicher) Dinge – sogar bei meinen Bloggerinterviews, die komplett kostenlos sind, passiert. Hier ist auch u.a. der Linkgeiz zu nennen, das Phänomen, dass man immer nur nehmen kann- aber nie etwas zurückgibt.

Oder auch, dass man anderen Bloggern keinen Kommentar oder ein Feedback schenkt obwohl man einen Artikel sehr gut findet.

Anonymität regiert auch beim Bloggen. Hinter den eigenen Blogs und Facebook und Co. versteckt, gehen natürlich viele viel mehr aus sich heraus, als sie es im echten Leben bisher vermochten.

Sich mit Kritik sachlich & konstruktiv auseinanderzusetzten bzw. diese zu erlernen? Denkste – es ist im Netz wie beim Online-Dating zu beobachten: Wegwischen und vor etwas flüchten fällt leichter als im realen Leben!

Hoffnung und Chancen

Gemeinschaft statt Einsamkeit

Ich bin immer noch der Hoffnung, dass man Inhalte miteinander teilen kann. Dass man gut miteinander umgeht. Dass man die Arbeit und den Blog/ das bloggen der anderen akzeptiert. Die Beweggründe warum man bloggt sind ohnehin so vielfältig und individuell- als dass ich sie jemals kritisieren oder gar „bewerten" könnte. Das will ich auch gar nicht.

Jeder soll glücklich werden mit seinem Content – nur andere nicht unglücklich machen oder angreifen, wenn es der eigenen Nase nicht passt.

Blog Hater – na und? Ich blogge trotzdem weiter? I´ve got my love glasses on : -)

Spätestens jetzt hör auf Dich aufzuregen: Durchbreche diese negative Gedankenspirale, die Dich nur runter-zieht. Du denkst zu viel über etwas nach, worüber es sich nicht lohnt überhaupt nachzudenken! Deine Gedanken sind zu wertvoll - und Deine Zeit auch.

Du machst Dir über einen Menschen/ja eigentlich "Pannekopp" so viele Gedanken, der kurz mal 10 Sekunden zum ersten Mal auf Deiner Seite/ Deinem Blog war?

Einem der vorschnell urteilt. Einem womöglich, der nie gebloggt hat oder gar schreiben kann, oder nicht einmal anfangen will. Einem, der vielleicht heute einen schlechten Tag hatte– einfach mal bei Facebook seinen Frust rauslässt an Dir (oft natürlich unberechtigterweise) und morgen womöglich von seinem verletzten Tun anderen Gegenüber einfach nicht einmal mehr die Bohne weiß...

Lass diesen Menschen gedanklich liegen- links liegen.

Denke dann einfach bildlich daran, wie Du ein ordentliches Rührei machst in der Pfanne & welche Zutaten Du benötigst, damit es ordentlich „fluffig" wird (das funktioniert wirklich!) Und lege Dir dann – schon viel entspannter- eine Blogger-Taktik für diese Art von Negativ-Menschen zu. Ich verfahre da immer so:

- Antworte nett und freundlich auf seine/ihre dummen Kommentare. Dabei aber immer so bestimmt und erhaben, dass er/sie merkt, dass es Dich NICHT verletzt.

- Auch wenn es das tut: Gib ihm/ihr kein Oberwasser, um den Shitstorm noch weiter in Gang zu bringen. Bleibe ruhig, besonnen und antworte immer gelassen/verständnisvoll (auch wenn es schwerfällt; Du musst Deine Gefühlsebene hier öffentlich im Griff haben, damit es kein Wasser auf seine "negative Mühle" gibt).

- Bei berechtigter Kritik sei ebenfalls freundlich, bedanke Dich dafür, dass Fehler aufgezeigt wurden. Argumentiere bestmöglich, dass ein jeder Fehler macht und dass dies menschlich sei (bessere dann aber auch aus!).

Ich kann auch gerne Euch hier einmal eine Beispiel-Antwort anhand geben auf einen Hater, der das Bloggerherz nicht mochte:

„Danke für Deine Kritik. Auch ich sehe hier und da im Bloggerherz noch ganz viel Verbesserungspotential (eigentlich immer). Aber die Zeit und die Fleiß-Arbeit daran, wird das schrittweise noch besser gestalten. Diese Zeit muss man sich und anderen auch geben. Gibst Du mir die Zeit? Kannst Du womöglich helfen?"

In allem gilt:

- Zeige, dass Du drüberstehst.

- Lobe den Blog Hater für seine Verbesserungs-Vorschläge
- und frage ihn oder sie (auch öffentlich), ob er/sie eine Webseite oder Blog betreibt, auf dem alles besser und fehlerfrei ist.
- Du suchst noch nach Vorbildern, von denen Du lernen kannst...

Meistens kommt dann nichts mehr - die Luft und die negativ aufgeladene Stimmung wurde freundlich **in eine Frage an den Hater umgewandelt**.

Dieser reagiert nicht mehr, weiß nicht, das zu wechseln. Hat dem nichts entgegen zu setzen. Ruhe kehrt ein. Und Ruhe braucht man zum Arbeiten wie zum Bloggen auch! Die eigentliche Kunst beim Bloggen ist, sich zu motivieren und durchzuhalten. Wenn man etwas mit Liebe und Hingabe macht, sollte man immer daran festhalten. PS: Erfolg schafft erst Hater, weil das interessant ist, was Du tust.

Deeskalieren von Blog Hatern will gelernt sein!

Was Du tun musst: Bleib Dir treu!

Sei Du immer respektvoll. Und wenn es einfach nicht mehr geht, hast Du immer noch die Möglichkeit des "Entfreundens", des "Blockierens" oder der "Meldung an Facebook" wenn man beschimpft wird. Einige Blog Hater vergessen einfach, dass Facebook kein rechtsfreier Raum ist. Auch wenn Facebook sich schwertut, dies zu unterbinden, kannst Du Dein Recht jederzeit einfordern und auch zur Not eine reale Anzeige erstatten.

Noch etwas zur Psychologie dieser Blog Hater: Niemals würden diese einen Menschen so in der Realität angehen – hier bei Facebook können sie sich "scheinbar anonym" hinter Ihrem Bildschirm verstecken.

Kein schöner Charakterzug oder eine gelungene Erziehung, wenn Ihr mich fragt. Ich habe von meinen Eltern gelernt, höflich und respektvoll – auch mit andersdenkenden – umzugehen. Natürlich auch bestimmt seine Ziele durchzusetzen- aber dabei auch möglichst niemand zu beleidigen oder zu verletzen. Klar- manchmal bleibt dies (traurigerweise & vor allem in Beziehungen) nicht aus. Man kann sich aber jederzeit bessern, mal über sich selbst nachdenken und sich weiterentwickeln.

Auch sollte man wissen: Meinungen, Wünsche und Ansprüche gehen oft auseinander. Und das ist auch gut so und kann man nicht ändern. Dem einen gefällt es, dem anderen wieder nicht. Die einen werden

Fans, die anderen gleichgültig und abonnieren nicht mehr, wieder andere loben und huldigen jede (auch manchmal noch so schlechten Artikel) den die Bloggerin/der Blogger da draußen auf die Menschheit loslässt und/oder mal wieder verzapft hat. Beim Bloggen ist es wie bei der Musik:

Bloggen ist Geschmackssache!

Die eine hört gerne Robbie Williams- der andere lieber Michael Jackson. Manchmal auch beides oder ganz anderes. Das Leben und die Blogging Welt/die Interessen sind vielfältig. Und hier im Bloggerherz könnt Ihr eben- durch Eure dargebotenen neuen Artikel oder Interviews liebe Bloggerherzen- genau in die Blogger Welt reinschnuppern/tolle Autoren und Blogger/innen finden, die Euch (bestenfalls) über Jahre hinweg die liebsten werden & die Ihr gerne lest!

Natürlich sollte man (bestenfalls) einen guten Schreib-Stil haben, möglichst Rechtschreibfehler vermeiden, sich mit der Grammatik anfreunden... auch diese Liste ist lang.

Ich habe jedenfalls mittlerweile ein dickes Blogger-Fell erworben, wenn es um diese (logischerweise mit dem Erfolg steigenden) Blog-Hater geht – und reagiere relativ gelassen auf solche Menschen, die einem nichts gönnen- weil ich mittlerweile weiß, was ich liebe, was ich tue und wie gerne ich schreibe. Auch für Euch.

Und wenn Euch ein Hater mal wieder so richtig aufregt, sagt Euch und Ihnen und anderen folgendes:

- Blogger stecken enorm viel Zeit Arbeit und in Ihre Texte, Fotos und Videos- sie machen ALLES so gut, wie er/sie jeweils kann – und mit der Zeit noch erlernen wird

- Follower und Fans kommen nicht über Nacht (oder weil ein TV Sender mal eben ein paar hübsche, 21- jährige Girlies pushed)

- Bloggen ist ein Handwerk, was man schrittweise erlernen muss, ebenso wie gute Fotografie. Als Blogger/in ist man ein Multi-Talent.

- Blogger sind toll

- Blogger sind herzlich

- Blogger sind Kämpfer und Weiter-Entwickler, immerzu am Schreiben!

- Blogger, die schreiben, nur die sind echt! So etwas nennt man Berufs- oder Hobby-Ehre!

- Diese Ehre sollte man bewahren und dafür kämpfen, dass uns keiner falsch deklariert; geschweige denn so viel Hatertum nahebringt.

ERFAHRUNGSBOX

Auch hier gilt: Sei selbst das Vorbild. Gehe trotz zahlreicher Hater und Trolle gut mit anderen Menschen um. Das ist der einzige und echte Weg, dass diese Menschen an Dir abprallen und Du Dein Lächeln, Dein Können, Deine Person und Deine Inhalte weiter in die Welt hinaustragen kannst. Lasse Dich von anderen nicht davon abbringen. Meide auch Hater und Negativ-Menschen im privaten Bereich. Wenn Du Ziele, Wünsche und Träume hast, erreiche diese! Neid und Missgunst gibt es überall und bedenke immer: Du bist der Durchschnitt der 5 Menschen, die Dich umgeben. Deshalb umgebe Dich mit positiven Menschen, die Dich und Dein Denken/Deine Stärken weiterbringen.

Bist Du immer der/die beste im Raum, bist Du eindeutig falsch in diesem Raum. Wechsle den Raum und entwickle Dich mit stärkeren in anderen Räumen weiter, die Dich fordern und fördern.

Marketing

Marketing ist gerade beim Bloggen ein Punkt, der nicht unterschätzt werden darf – leider aber wird er immer noch sehr vernachlässigt.

Die wenigsten Kunden werden zu Kunden, weil sie irgendwo mal irgendwas gesehen haben und ihnen das gefallen hat.

Gerade, wenn es darum geht, zum Beispiel wichtige Texte verfassen zu lassen, überlegen sich Interessenten sehr gut, wem sie diese verantwortungsvolle Aufgabe übertragen.

Die wichtigsten Marketinginstrumente sind hier einmal für dich zusammengefasst:

Prinzip Kostenlos!

Das „Prinzip Kostenlos" funktioniert genauso, wie es heißt: man gibt kostenlos! Und zwar immer ein wenig wertvolles Wissen, in kleinen Portionen.
Du hast ein Buch über Marketing geschrieben? Dann gib deinen Interessenten Wissen aus dem Buch in kleinen Portionen kostenlos weiter.

Der Verbraucher ist ja schließlich nicht dumm: was er kostenlos bekommt, muss er schon mal nicht bezahlen. Also wird er auf der Suche nach den gewünschten Informationen natürlich erst einmal im Internet surfen und sich so viele Informationen wie möglich zusammensuchen.

Ist er hier erst einmal auf deinem Blog fündig geworden und hat die Antwort bekommen, die er gesucht hat, stehen die Chancen gleich viel höher, dass er wieder bei dir schaut, wenn er eine Information benötigt.

Und wenn er zufrieden ist, dann steigen die Chancen, dass er dein Buch kauft gleich um ein Vielfaches. Oder er fragt direkt an, ob du für ihn etwas schreiben kannst, und wertvollen Marketing – Content erstellst. Denn du hast ja schließlich Ahnung von der Thematik...

Und mit deinem Blog hast du ja alles an der Hand, was du brauchst, um kostenloses Wissen zu verteilen!

7 Kontakte bis zum Kauf

Diese Regel gilt nach wie vor, aber sehr eingeschränkt. Wenn du im persönlichen Gespräch etwas verkaufen möchtest, dann gilt nach wie vor, dass es im Schnitt 7 Kontakte zu einem potentiellen Kunden braucht, bis er einen Kauf tätigt.

Im Internet ist das allerdings so nicht mehr ganz anwendbar. Denn das Internet ist auch eine sehr schnelle Möglichkeit, um etwas zu kaufen. Daher ist es umso wichtiger, dass dein Content gut ist und du schnell das Vertrauen deiner Kunden gewinnen kannst.

Als „Kontakt" gilt aber auch, der Besuch auf deinem Blog und das Lesen der Artikel.

Wenn du jetzt davon ausgehst, dass du 7 Kontakte brauchst, dann musst du im Prinzip mindestens 7 Artikel zu dem Thema deines Buches im Blog eingestellt haben, die so miteinander verlinkt sind, dass deine potentiellen Kunden diese auch finden und lesen können.

Emails und Newsletter

Im ersten Moment denkst Du vielleicht an nervige Mails oder SPAM. Dass es nicht so ist, musste auch ich erst lernen. Bitte vergesse diesen Gedanken für einen Augenblick und höre mir ganz vorurteilsfrei zu. Denn wenn Du Folgendes begriffen hast, bist Du allen anderen um mehr als 80% voraus:

Mit gezieltem E-Mail-Marketing kannst Du fast alle Prozesse im Internet automatisieren. Wie wäre es, wenn Du ab sofort deine Kundenansprache, den Vertrauensaufbau und das Verkaufsgespräch komplett automatisiert abwickeln kannst? Oh ja, ich sehe das Grinsen in deinem Gesicht! Alles was Du dazu benötigst, ist eine Website und ein ganz spezielles E-Mail-Marketing System. Ziel ist es immer, dass sich dein Website-Besucher in deinen Newsletter einträgt. Dann verschickst Du als erstes ein paar Tipps, um Vertrauen aufzubauen. Damit zeigst Du, dass Du Experte auf deinem Gebiet bist und Du deinem potentiellen Kunden helfen kannst.

Nach diesen Mails kannst Du dann deine Produkte oder Dienstleistungen vorstellen. Und was glaubst Du was der Interessent machen wird, wenn Du ihm vorher Tipps gegeben und sein Vertrauen bekommen hast? Ganz klar, er wird das Produkt oder die Dienstleistung bei dir und nicht bei deiner Konkurrenz kaufen. Und das Schöne an dieser Sache ist, dass die Mails ab sofort für alle neuen Newsletter-Anmeldungen vollautomatisch verschickt werden. Ganz egal an welchem Wochentag oder zu welcher Uhrzeit. Geboren ist dein automatischer Spitzenverkäufer im Internet, der 24 Stunden am Tag, 7 Tage die Woche und 365 Tage im Jahr für dich KOSTENLOS arbeitet. Ich bin mir ziemlich sicher, dass Du diesen Spitzenverkäufer sofort einstellen würdest ☺ Bei mir ist dieser Spitzenverkäufer Klicktipp – etwas Besseres gibt es nicht auf dem Markt:

https://www.klick-tipp.com/bestellen/35827 *

*Affiliate – Link

SEO. So schaffst Du Besucherströme auf Deinen Blog
Ihr Blogger/innen kennt das: Ihr wollt mehr Blogbesucher! Quälend langsam steigen allerdings Eure Besucher-Kurven, oder fallen gar wieder ab. Ihr wollt mir Euren Keywords, Euren Texten und Eurer Arbeit ganz oben bei Google ranken- wie das jedoch funktioniert, ist Euch oft schleierhaft. Auch hat sich das Nutzerverhalten in Punkto Besucher in den letzten Jahren schier verändert: Die großen Netzwerke wie Facebook haben wirklich viel kaputt gemacht. Man ist so überfordert von der Posting-Überflutung dort, dass viele auf den Blogs selbst „kommentierfaul" geworden sind. Viele Blogger geben auf! Tut das nicht! Auch Ich finde dieses "Nutzerverhalten" sehr schade!". Es lohnt sich aber, dafür zu kämpfen.

Die 10 besten SEO-Tricks:

- Ihr müsst regelmäßig in Blogs stöbern, kommentieren und anderen Achtung und Respekt für Ihre Arbeit zeigen. Nicht nur via einem simplen "Tollen Blog hast Du da"- sondern ausführlich & mit Herz – wie DU es Dir auf Deinem Blog eben auch wünschst. Glaube mir: Dann kommt immer etwas zurück!

- Schreibe im Bloggerherz regelmäßig ein/zwei NEUE Artikel und/oder mache Dein Bloggerinterview bei uns. Das schafft immer wieder neue Blogleser und damit mehr Blogbesucher für Dich und Deinen Blog!

- Macht bei Blogparaden auf anderen Blogs mit. Auch dann werden Menschen auf Euch aufmerksam und Ihr werdet verlinkt.

- Achtet auf Verlinkungen von starken Seiten wie beispielsweise dem Bloggerherz. Eben solche Seiten, die einfach Mehrwert bieten und Themenrelevant für Eure Blogs sind, und demnach wieder mehr Blogbesucher bringen.

- Content ist King- Eure Inhalte müssen stark, authentisch (von Euch!!) & vor allem einzigartig sein. Schreibt so viel und so oft wie Ihr nur könnt. Mama Google liebt das!

- Benutzt Blogger-Tools! Die besten habe ich Dir in unseren Online-Zugang gelegt.

- Optimiert Eure Blogs hinsichtlich auf Page Speed. Je schneller eine Seite lädt (ich sage nur Google Page Speed), desto besser wird sie auch Euren Besuchern gefallen. Lädt sie u.a. zu lange, springen mehr als die Hälfte der Nutzer ab. Das muss man wissen und besser machen!

- Achtet auf die Größe Eurer Fotos und minimiert diese. Jpeg Mini oder TinyPNG (für PNG Dateien wie der Name schon sagt) sind da Allzweck-Wunder; die Qualität Eurer Fotos bleibt, aber sie laden schneller, da die Gesamtgröße kleiner ist. :-)

- Holt Euch Links von den stärksten Seiten der Welt. Eine davon ist bekanntlich Amazon. Es gibt eine kleine Anleitung für Euch auf **freizeitcafe.info** von mir, wie Ihr genau diesen starken **Backlink von Amazon** erhaltet. Sucht dazu einfach in der Freizeitcafe-Suchleiste nach diesem Begriff.

- Das Wichtigste, um mehr Blogbesucher zu erhalten: Lasst Respekt walten und würdigt die oft stundenlange Recherche und Schreibarbeit der anderen Schreiberlinge. Sie haben Muße, ganz viel Kraft, Inspiration, Weitsicht, Freude/Leid und oft noch so viel mehr in Ihre Blogartikel investiert um sie Euch zu zeigen. Und genau DAS muss von Euch belohnt werden mit: Besuchen auf ihrem Blog, Aufmerksamkeit und einer gehörigen Portion Anerkennung. Das merkt man auch in Euren Kommentaren und kommt mehrfach zu Euch zurück.

Eine sehr gute Seite zum Thema SEO ist https://www.more-fire.com/tipps/die-10-goldenen-regeln-der-seo/

Hier findet ihr weitere wertvolle Tipps und obendrauf gibt es für alle, die ihr Marketing richtig gut ausbauen möchten, ein kostenloses E-Book.

Traffic einkaufen – wie geht das?

Je mehr Besucher eine Website hat, desto höher ist sie im Googleranking. Und je weiter oben ihr bei Google seid, desto schneller findet euch eure Zielgruppe.

Deswegen ist ein hoher Traffic absolut unumgänglich. Doch wie bekommt ihr den nötigen Traffic?

Organischer Traffic:

Damit sind alle Besucher gemeint, die durch Euer eigenes Zutun, wie zum Beispiel Verlinkung in Facbook oder aktive Werbung in anderen Blogs zustande kommen. Oder auch Besucher, die durch eine Suche in einer Suchmaschine auf euren Blog gestoßen sind.

Gekaufter Traffic:

Das sind gekaufte Besucherzahlen. Ihr habt zum Beispiel bei Google Adwords die Möglichkeit, Traffic einzukaufen. Dafür bezahlt ihr einen von euch festgesetzten Betrag, für den dann so lange Werbung von Google geschalten wird, bis die gewünschten Besucherzahlen erreicht werden.

Es gibt aber auch viele Unternehmen, die sich mittlerweile auf gekauften Traffic spezialisiert haben und für einen Festpreis dafür sorgen, dass ihr ausreichend Traffic habt.

Ich werde Dir auch direkt einige Beispiele liefern:

- **Facebook:**
  Facebook ist bekannt. Eine Social-Media – Plattform, auf der sich Millionen von Menschen tummeln, Bilder von ihrem Frühstück oder letzten Urlaub posten und dumme Sprüche abgeben.
  Der Vorteil von Facebook ist, dass man hier mit Facebook-Ads richtig guten Traffic einkaufen kann. Wie das geht, erfährst du im Gastbeitrag von Pavel Schwindt, dem wir mit dem Kapitel „Facebook-Ads" viel Platz eingeräumt haben. Eben, weil es so eine gute Möglichkeit für Besuchereinkauf ist. Dito die Verknüpfung zu Instagram und beispielsweise die Schaltung dort direkt in den Stories oder im Feed.

- **Plista**
  Plista ist eine Mediabying – Plattform. Hier kannst du Werbung so platzieren, dass sie der Zielgruppe angezeigt werden, ohne den Lesefluss zu stören. Dabei wird dem Leser

nur die Werbung angezeigt, die ihn auch tatsächlich interessiert. Das gibt dir eine höhere Klickquote, als wenn du willkürlich Werbung schaltest.

- **Ligatus**
  Die Alternative zu Google Adwords ist Ligatus. Hier kannst du ohne Vertrag und Mindestbudget Werbung schalten.

- **Criteo**
  Criteo ist ebenfalls eine Mediabying – Plattform. Der Fokus liegt hierbei darauf, die Kunden gezielt anzusprechen und sie auf eure Apps, oder Blogs zu lotsen.

- **Taboola**
  Taboola funktioniert auch ähnlich wie Google-Adwords. Hier kannst du für ein von dir festgesetztes Tagesbudget Werbekampagnen schalten, die hochaffinen Nutzern gezeigt werden. So hast du eine hohe Klickrate garantiert und deine Werbung kommt genau da an, wo sie wirken soll.

Noch mehr Addressen findest Du im Online-Zugang dieses Buches ständig aktualisiert.

Affiliate werden

Ein Klassiker, den auch ich mit der Zeit für mich entdeckt habe. Für Empfehlungen, die über ein einfaches Linksetzen realisiert werden, sackst du Provisionen ein – oftmals in Höhe von bis zu 50%; auch wenn es nicht(!) Deine eigenen Produkte sind.

Möglich ist das überall, wo sich deine Texte mit Produkten oder Dienstleistungen verbinden lassen. Wer etwas erreichen will, muss geschickt vorgehen, viel Traffic vorweisen können oder ungeniert trommeln. Auch hier gilt: Bloß nicht übertreiben!

Bekannte Anbieter von Affiliate-Programmen (Auswahl):
- Adcell
- Amazon Partnernet
- Affilinet
- Belboon
- Tradedoubler
- Tradetracker
- Webgains
- Zanox
- Rewardstyle
- Tracdelight

Digistore24 und Copecart

Stell dir mal vor, du bekommst mehrmals am Tag eine Nachricht, dass ein Produkt verkauft wurde und du damit Geld verdient hast. Am Ende des Monats kommt dann die Auszahlung, die schnell mal im höhere 3Stelligen Bereich sein kann. Nein, das ist kein Traum, sondern mit Digistore24 tatsächlich machbar.

Und das muss nicht einmal dein eigenes Produkt sein. Wenn du einen Blog betreibst, dann ist das eine sehr gute Möglichkeit, nebenher ganz ohne dein Zutun, Geld zu verdienen. Du musst dich nur dort registrieren, ein Kundenkonto erstellen und dir Produkte aussuchen, die du auf deinem Blog mit einbindest. Sinnvollerweise natürlich welche, die thematisch zu deinem Blog passen. Der Rest passiert ganz automatisch.

Jedes Mal, wenn jemand über deinen Blog ein Produkt kauft, verdienst du dir eine Provision. Das Ganze ist für Dich ohne Kosten, du bezahlst lediglich eine kleine Provision an Digistore, die aber mit deinem Verdienst direkt verrechnet wird.

Der Konkurrent von Digistore24 ist Copecart.

Hier verhält es sich ähnlich, jedoch ist es deutlich kostenintensiver. Im Gegensatz zu Digistore24 verlangt CopeCart eine Jahresgebühr, die ersteinmal verdient werden muss, damit du Gewinn machst. Diese Jahresgebühr beträgt aktuell 997Euro.

Erst bei Umsätzen, die darüber gehen, machst du damit Gewinn.

In diesem Zusammenhang möchte ich dir auch mein kostenloses E-Book „Oben angekommen" empfehlen, welches Dir die Grundlagen (zum Beispiel das „suchen nach passenden Affilliate-Produkten bei Digistore24.com näher bringt)...

https://blogbesucher.com/wp-content/uploads/2018/01/Bloggerherz-EBOOK-Oben-angekommen-Internet-Verdiener-in-4-Wochen.pdf

Hier bekommst Du übrigens mal eine Komplett-Anleitung mit allen Vorlagen von einem meiner Kooperationspartner, wie auch Wegbereiter Nico Lampe. Danke noch einmal an dieser Stelle Nico, dass Du

mich zum Affiliate-Marketing und zum Erstellen meiner eigenen Produkte hin-geführt hast:

https://www.superiormarketing.de/jetzt-bewerben/

Lese aber zuvor mein kostenfreies Ebook-Geschenk mit der genauen Schritt-für-Schritt-Anleitung:

bloggerherz.de

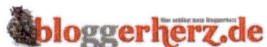

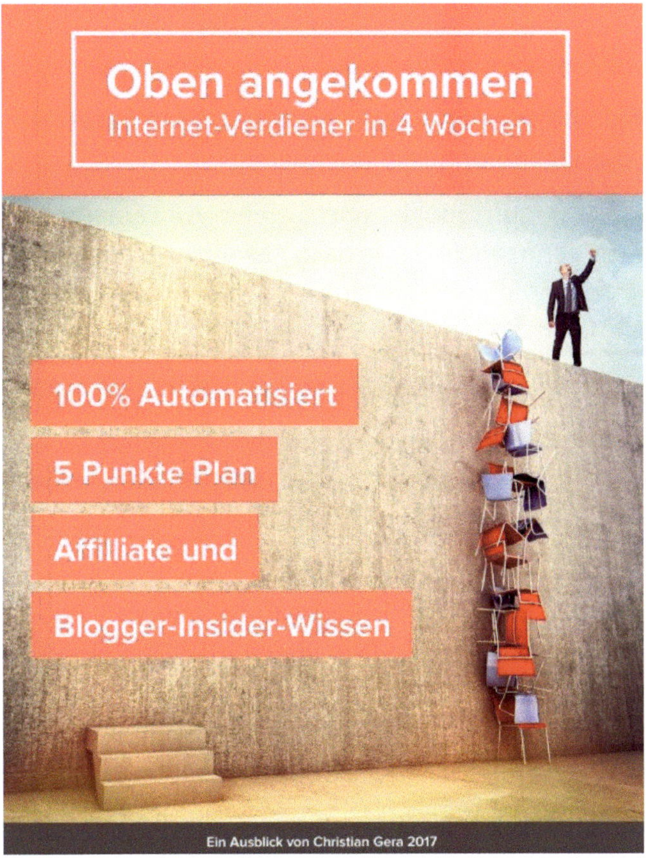
Oben angekommen
Internet-Verdiener in 4 Wochen
100% Automatisiert
5 Punkte Plan
Affilliate und
Blogger-Insider-Wissen
Ein Ausblick von Christian Gera 2017

Google Ads und eigenes Branding

Den Begriff Google-Ads hast du sicher schon das ein oder andere Mal gehört. Doch was das eigentlich ist, wissen viele gar nicht.

Google Ads sind im Prinzip Anzeigen, oder Werbung, die das eigene Unternehmen darstellen.

Wenn du auf Google nach einem Unternehmen suchst, dann taucht das je nach gewählter Eintragsart (vom Unternehmen gewählt) mit den entsprechenden Informationen auf.

Ads sind also sehr wichtig, damit du bei Google in der Suche zu finden bist.

Wie du Ads einrichtest und auf was du alles dabei achten solltest, findest du in meinem Online-Zugang…

Das eigene Branding /die Suche nach Deinem Namen und exakte Suchtreffer dazu, damit man Dich einordnen und anschließend buchen kann sind so existentiell wichtig, dass ich Dir jetzt mal 2 Profitipps direkt hier verrate und aufzeige, wie die Ergebnisse dann aussehen (könnten) MIT DIR:

1 Profi-Tipp: Schalte Googe-Ads auf <u>DEINEN Namen</u>
(sehr kostengünstig!) und/oder passende Keywords schalten (Bloggerinterview/Bloggerherz…)

Bsp.: Google-Suche nach Christian Gera

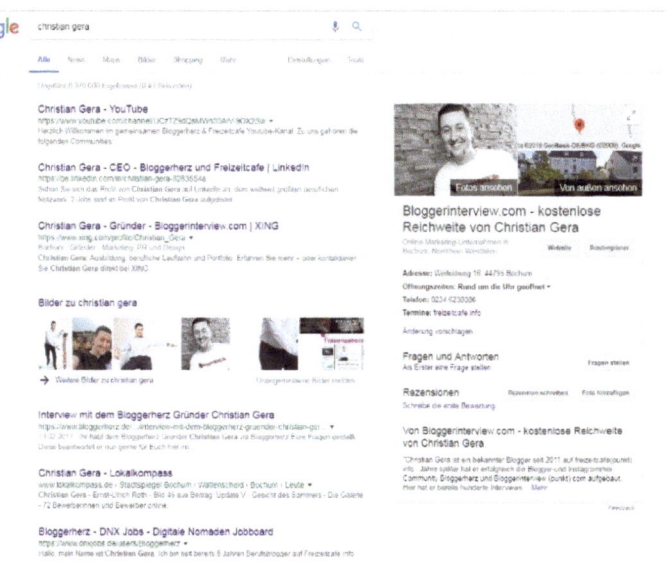

2 Profi-Tipp: Hast Du eine Firma/bist Du selbstständiger Blogger, nutze zwingend **Google My Business** um Dich & Deine Firma darzustellen. Hier mal am Beispiel Bloggerinterview:

Bsp.: Google-Suche nach Bloggerinterview

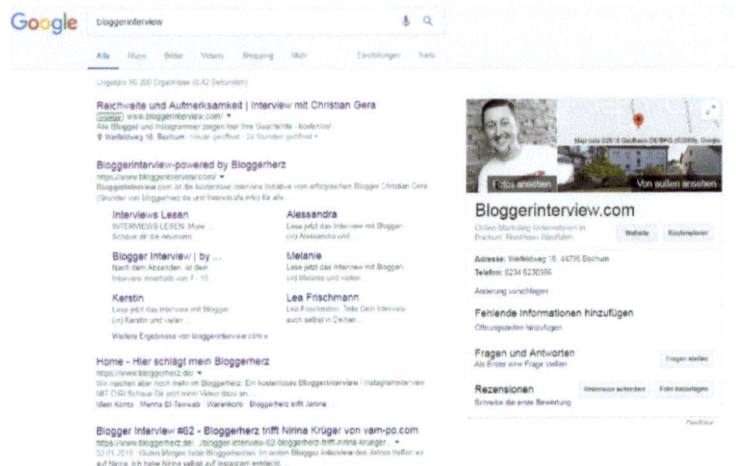

So macht die Suche etwas her, oder? ☺

Facebook Ads

Was sind Facbook – Ads und wie kann man sie schalten?

Facebook – Ads sind richtig gut für Marketing und in der heutigen Zeit unverzichtbar, wenn man mit seinem Unternehmen vorankommen möchte.

Pavel Schwindt ist Marketing Manager und erklärt in seinem Gastbeitrag, auf was man achten muss und wie die Erstellung von Facbook – Ads wirklich funktioniert. Ich will in diesem Buch auch andere Weggefährten wie ihn zu Wort kommen lassen.

So seht Ihr, wie andere Menschen Ihren Zugang zum Onlinemarketing hatten und damit ebenfalls Erfolge verbuchen konnten/Ihre Freiheit darin fanden.

Hier der Gastbeitrag von Pavel Schwindt:

Pavel Schwindt
Vom unterbezahlten Fitnesstrainer zum Top Online Marketing Manager

In 6 Jahren als Fitnesstrainer mit 10 Stunden Arbeitstagen und keinem Wochenende, habe ich aufgrund der wirklich, wirklich, wirklich schlechten Bezahlung (rund 800€/ Monat netto) immer nach Wegen gesucht mein eigener Chef zu sein und so viel Geld zu verdienen, dass ich nicht jeden Monat am Existenzlimit kauern muss. Das größte Problem war die Freizeit.

Diese hatte ich nicht. Ich habe den Großteil meiner Tage an meinen Arbeitgeber verkauft, der mich ohne Bedenken jeden Tag bis zu 10 Stunden im Studio verbringen ließ.

Kannst du dir das vorstellen? Du verkaufst deine Freiheit für ein Gehalt. Ein Gehalt, das dich nicht mal über die Runden bringt.

Dass ich meine Freiheit gegen so eine Art von Leben ausgetauscht habe, war eine Schande für mich. Aber irgendwie muss man seine Brötchen verdienen, oder?

Als mir klar geworden ist wie viel Lebenszeit ich damit vergeudet habe, einen Job zu machen (der mir zwar enorm viel Spaß machte), mit dem ich aber keinerlei Perspektive hatte (zumindest in der Situation nicht) für einen Chef arbeitete, der Millionen verdiente und mich ohne mit der Wimper zu zucken ausnutzte, habe ich mir selbst ein Ziel gesetzt:

Ich werde mein eigener Chef. Denn egal wie schwer es werden sollte, es wird nicht so "beschissen" wie es jetzt ist.

Bei der Suche nach neuen Verdienstmöglichkeiten und beruflicher Entwicklung hatte ich ein Ziel im besonderen Fokus:

"Freiheit und Unabhängigkeit".

Durch meine Affinität zum Internet und Online Marketing habe ich mich neben meinem Fitnesstrainer Dasein, immer mehr und mehr mit dem Thema Affiliate Marketing beschäftigt. (Wahrscheinlich wie hunderte andere Neulinge, die sich das erste Mal mit "Online Geld verdienen" beschäftigen).

Ich habe meine letzten Euros zusammengesammelt und Fortbildungen, Seminare und Vorträge besucht. Ich habe sogar eine Ausbildung zum Online Marketing Manager (IHK)absolviert. Kurz gesagt: Ich habe mir alles Wissen was ging angeeignet, um endlich meine Ziele zu erreichen.

Ich wurde mit der Zeit immer besser, lernte neue Strategien und lernte dann Facebook Ads als Werbemöglichkeit kennen. Ab dem Zeitpunkt, habe ich es dank Facebook Werbung als

Affiliate für Unternehmen wie IQ Option, OlympTrade, AyetStudios und viele weitere, sogar in die Top 10 der deutschen und internationalen Partner auf verschiedensten Plattformen gebracht.

Es ging schnell, denn schon bald sprachen mich Unternehmer auf meine Facebook Kenntnisse an. So kam es zu meinem heutigen Kerngeschäft: Facebook Werbemanagement und Strategy Development für Unternehmen

<u>In dieser Anleitung zeige ich Dir, wie DU Facebook dafür nutzt, um nochmehr Leute und Kunden zu erreichen.</u>

Viele Online-Facebook-Gurus geben meistens Strategien raus, die Pixeldaten voraussetzen.

Was ist aber, wenn man gerade erst anfängt und noch keine verwertbaren Pixeldaten hat? Dann muss man die erste Zielgruppe selbst definieren. Und wie das geht, zeigt dir jetzt meine Zusammenstellung zum Thema Facebook Werbung!

Die wichtigsten kostenlosen Tools (Liste):

- **Zielgruppen-Insights**
  (https://business.facebook.com/ads/audience-insights/)
  Dieses Tool brauchst du, bevor du mit dem eigentlichen Schalten einer Anzeige beginnst. Mit den Zielgruppen-Insights kannst du genau bestimmen, wie deine Zielgruppe mit

passenden Interessen und Verhaltenseigenschaften "tickt". Sind es überwiegend Frauen? Sind es überwiegend Singles? Und vieles mehr. Es hilft dir dabei, später noch genauer zu targetieren, und Werbekosten zu sparen.

- **Text-Overlay-Tool**
  (https://www.facebook.com/ads/tools/text_overlay) Dieses Tool ist sehr hilfreich, wenn man mit Bildanzeigen arbeitet. Hier kannst du prüfen, ob zu viel Text in deiner Bildanzeige ist und vorab sehen, ob Facebook diese Anzeige überhaupt zulässt.

- **Kostenlose Anzeigenbilder erstellen**
  (https://www.canva.com/)
  Ein perfektes Online-Tool für die Erstellung von Werbeanzeigen. (Bilder) Es gibt eine "Facebook-Werbeanzeigen" - Vorlage, die du nutzen kannst, um automatisch das richtige Format zu erhalten.

- **Eye-Catcher Smileys in Beiträgen**
  (https://de.piliapp.com/facebook-symbols/)

Pure Texte in einem beworbenen Beitrag liest sich heutzutage kaum noch jemand durch. Deshalb kannst du mit diesem Tool Smileys und andere Eye-Catcher generieren und in deine Beiträge kopieren. So erhalten sie noch mehr Aufmerksamkeit!

Das ist vorerst alles was du brauchst, um deine erste gute Facebook Kampagne zu erstellen und zu planen.

Lass uns jetzt gemeinsam in ein erstes Szenario springen und alles Schritt für Schritt durchgehen.

Das Szenario Schritt für Schritt Anleitung (Start Up):

Stellen wir uns vor, wir möchten einen Online Shop für Damenschuhe über Facebook Ads bewerbern.

Gehen wir am Besten noch einen Schritt weiter und stellen uns vor, dass wir den Shop erst vor einigen Minuten eröffnet haben.

Das bedeutet wir befinden uns in folgender Ausgangssituation:

- *Wir haben einen fertigen Online Shop*
- *Wir haben fertige Produkte, die zum Verkauf bereit stehen*
- *Wir haben den Facebook Pixel eingebunden*

- *Wir haben NOCH KEINEN Traffic um den Pixel mit Daten zu versorgen*

(Solltest du nicht wissen wie man seinen Pixel auf seiner Webseite einbindet, schaue dir bitte folgendes Video an:

https://www.youtube.com/watch?v=bqobW9lSCJQ)

Viele Online Marketer da draußen, versuchen dir zu erklären, wie einfach es ist eine Zielgruppe zu definieren...

Sie gehen dabei fast immer davon aus, das deine Pixel auf deiner Webseite schon Unmengen an Daten gesammelt haben (Was die Zielgruppendefinition um einiges leichter machen würde)...

Unser Online Shop ist aber erst vor einigen Minuten online gegangen und hat noch keine Besucher erhalten, die dem Pixel irgendwelche Daten liefern könnten.

Wie geht man also vor, wenn man noch keinerlei Pixeldaten hat, um Facebook mitzuteilen, welchen Zielgruppen und Interessenten meine Anzeige gezeigt werden soll?

Schritt 1: Zielgruppe verstehen und kennen

Um Deine Zielgruppe vorab schon zu verstehen und zu kennen, wie die eigene Westentasche, greifen wir auf unser erstes und wichtigstes kostenloses Tool zurück. Die Facebook "Zielgruppen-Insights".

Mit diesem Tool, kannst du anhand der Interessensfelder sehen, wie deine Zielgruppe sich verhält, welche Altersspanne ihr gerecht wird, was für ein Geschlecht am meisten Relevanz zeigt und vieles mehr.

Beginnen wir mit unserem grundlegenden Wissen über unser Produkt.

Aufgabe: Wir vermarkten einen Online Shop für Damenschuhe!

Sobald wir in die "Zielgruppen-Insights" navigieren, erhalten wir drei Auswahlmöglichkeiten.

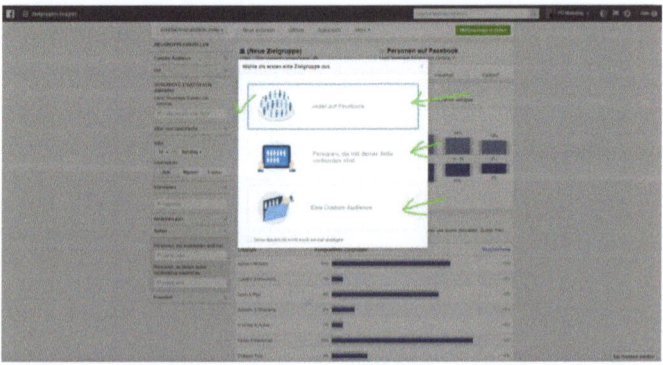

Jeder auf Facebook (Eine Gesamtübersicht an Daten von ALLEN Facebook Nutzern) - **Diese ist für uns zunächst amwichtigsten!**

Personen, die mit deiner Seite verbunden sind.

Eine Custom Audience.

Die zwei letzten Punkte werden in dieser Anleitung nicht behandelt und sind auch erstmal nicht wichtig für unser Zielvorhaben.

Standort Definition: Als nächstes müssen wir festlegen, in welchen Ländern unsere Zielgruppe vertreten ist. Gehen wir davon aus, dass unser Online Shop vorerst nur auf "Deutsch" verfügbar ist.

In diesem Fall wähle ich persönlich drei wichtige Länder Definitionen aus:

Deutschland
Österreich (Bei Facebook musst du derzeit noch

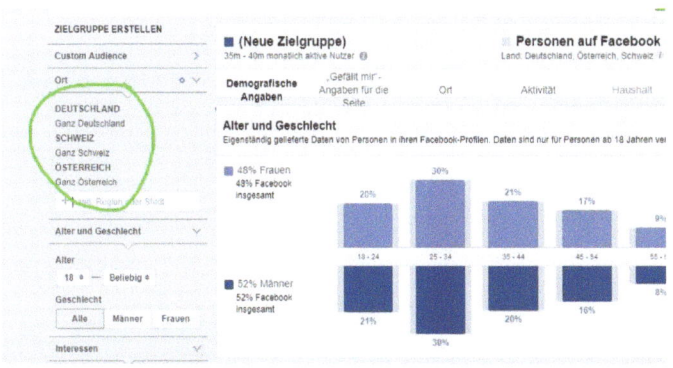

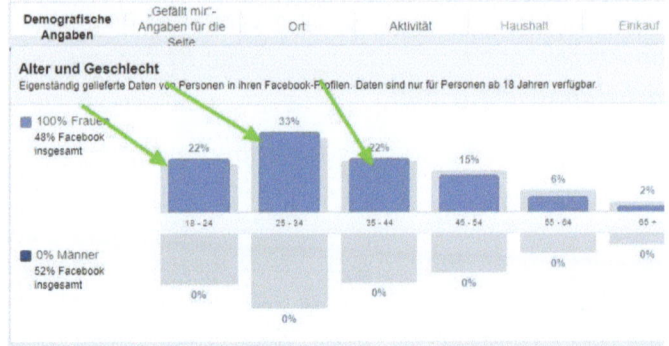

"Austria" eingeben, um das Land zu wählen)
Schweiz
Als nächstes, verfeinern wir die Suche noch etwas,
um noch genauer zu definieren, wer unsere
eigentliche Zielgruppe ist!
Wir erinnern uns, dass wir einen Online Shop für
Damenschuhe bewerben. Männer sind für uns als

von Anfang an also
prinzipiell nicht relevant.
Deshalb wählen wir bei
"Geschlecht" Frauen aus
und geben im Feld
"Interessen" -> "Schuhe"
ein.

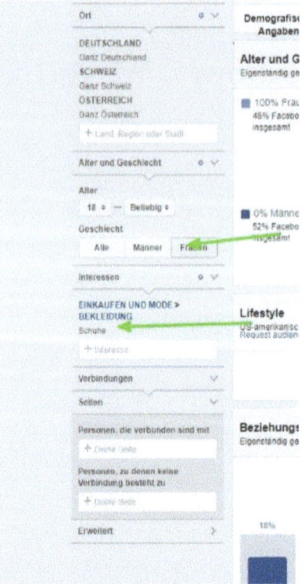

Anhand dieser (wirklich wenigen) Eingaben, liefert Facebook uns schon eine Menge Informationen über unsere Zielgruppe.

Jetzt können wir noch weiter ins Detail gehen und schauen, was unsere Zielgruppe hauptsächlich "Beruflich", "Privat" und vieles mehr macht, um später bei der Anzeigenerstellung noch genauer zu targetieren.

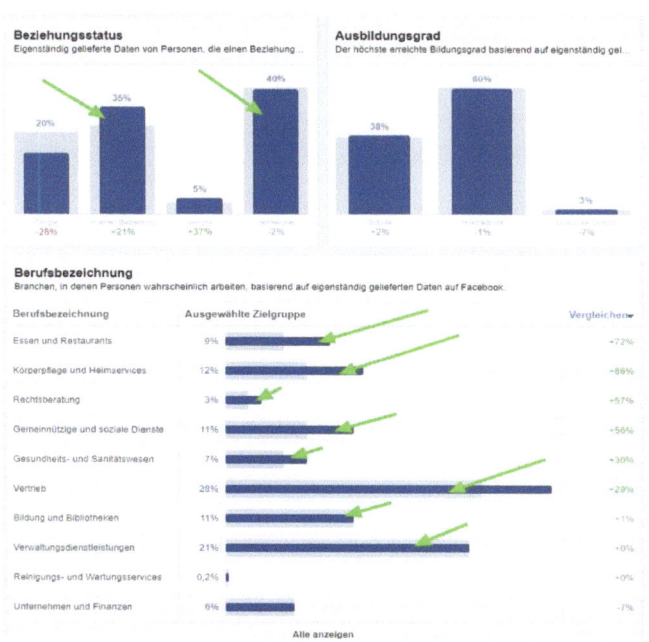

Unsere Frauen, sind also überwiegend:
"In einer Beziehung" oder
"Verheiratet"
Und Arbeiten hauptsächlich in Bereichen wie:
"Essen & Restaurants"
"Körperpflege & Heimservices"
"Rechtsberatung"
"Gemeinnützige und Soziale Dienste"
"Vertrieb"
„Bildung & Bibliotheken"
„Verwaltungsdienstleitungen"
Das sind schon eine Menge Daten, die wir jetzt mit
Sicherheit über unsere Zielgruppe wissen (Ohne auch
nur einen Funken an Pixeldaten zu haben!)

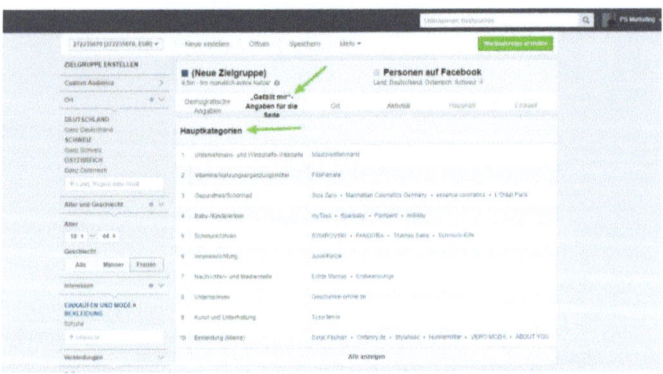

Lass uns weitergehen und schauen, wie sich unsere
Zielgruppe auf Facebook verhält. Zum Beispiel,
welche Seiten geliked werden: In den

Hauptkategorien finden sich schon nützliche Hinweise.

Warum sind diese Angaben so interessant für uns?

Man kann später in der Anzeigenerstellung als Ziel-gruppe auch große Unternehmensseiten wie "Fossil" angeben und deren Fans und Follower mit seinen An-zeigen ansteuern.

(Leider geht das nicht bei allen gelisteten Seiten, aber einen Versuch ist es definitiv wert und dass ist ein Tipp, den nur sehr wenige Leute und Marketer ken-nen!)

Eine wichtige Information, können wir aus den In-sights noch holen. Es ist eine Info, die fast genauso wichtig ist, wie die Info, dass unsere Zielgruppe die "Frau" ist.

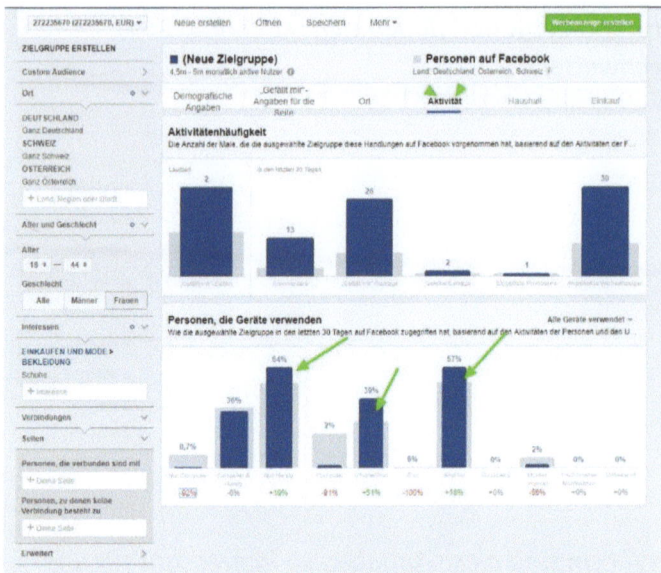

Wir navigieren weiter auf "Aktivität", wo wir eindeutig feststellen können, dass unsere Zielgruppe hauptsächlich auf den mobilen Geräten unterwegs ist.

Wir können sehen, das die Relevanz für Nutzer eines "iPhones" oder "Android" Gerätes am höchsten ist!

Später bei der Erstellung unserer Anzeige wird das enorm wichtig sein, um Geld und Zeit zu sparen.

Schritt 1 (Zusammenfassung)

Lass uns zusammenfassen, was wir nun über unsere eigentliche Hauptzielgruppe wissen. (Und das ohne Facebook Pixel Daten)

Wir wissen jetzt, dass unsere Zielgruppe:

- *Frauen zwischen 18 und 44 Jahren sind*

- *Überwiegend den Status "In einer Beziehung" oder "Verheiratet" haben*

- *In bestimmten Arbeitsgebiete unterteilt sind (Liste oben)*

- *Bestimmte Seiten und Beiträge liken und verfolgen (Liste oben)*

- *Überwiegend das Handy nutzen (iPhone und Android)*

- *Mit diesen umfangreichen Informationen, können wir nun beginnen, unsere erste Werbeanzeige zu erstellen und die Zielgruppe das erste mal anzusteuern.*

Schritt 2: Werbeanzeige (Bildanzeige Designen)

Da es mir bewusst ist, dass dieses E-Book überwiegend von Affiliates und Online Marketern gelesen wird und in diesen fällen der Fokus oft auf nur EIN Produkt gelegt wird anstatt auf einen Shop, bauen wir unser Szenario auf einen ganz bestimmten Fokus auf.

Der Shopbetreiber hat uns damit beauftragt, die Winterkollektion zu bewerben, da der nächste Winter schon vor der Tür steht. (Ja, auch die Jahreszeit, kann beeinflussen, ob eine Anzeige gut läuft oder nicht. Es macht wenig Sinn Winterschuhe im Sommer zu bewerben)

Legen wir los:

Anzeigen professionell erstellen mit Hilfe von "Canva":

Canva ist eine kostenlose Online Plattform mit vielen verschiedenen Formatvorlagen. Darunter auch die "Facebook Werbeanzeigen" -Vorlage.

Du kannst dich dort kostenlos registrieren und direkt loslegen.

Bei mir ist die FB-Anzeigen Vorlage schon unter den Vorschlägen. Um sie zu finden, klicke auf „Mehr..."

Ganz unten findest du die Kateorie „Werbeanzeigen". Wähle dort die Vorlage für „Facebook Werbeanzeigen".

Von hier an sind deiner Fantasie keine Grenzen gesetzt. Das Format passt zu 100% in die Facebook Werbeanzeigen Funktion.

Hier ein paar Tipps zur Erstellung von Werbeanzeige – Bildern:

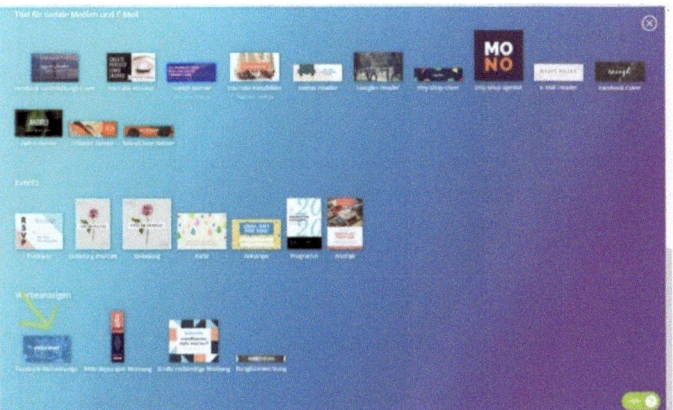

- *Lege den Fokus auf das Produkt (E-Book, Schuhe, physische Produkte)*
- *Farben abheben
  Hebe die Farben vom eigentlichen Facebook – Design ab.*
- *Spare mit dem Text
  Bring deine Message auf den Punkt!*
- *Binde „Call to Action" auch in deine Werbebilder mit ein*

Um das alles zu verdeutlichen, habe ich mir nun einfach ein Produkt ausgesucht und eine simple Anzeige erstellt.

Meiner Meinung nach kann kaum eine Frau den Wörtern „Schuhe" und „Jetzt shoppen" wiederstehen.

Wir haben nun das Anzeigenbild erstellt. Lass uns weitermachen!

*Schritt 3: Kampagne vorbereiten und Zielgruppe zu-
ordnen.*

*Wir sind jetzt soweit, dass wir unsere erste Kampagne
auf Facebook erstellen können.*

*Tipp: solltest du dir nicht sicher sein, ob du zu viel Text
in deinem Bild hast, nutze das „Text-Overlay" – Tool
von Facbook.*
(https://www.facebook.com/ads/tools/text_overlay)

*Beginnen wir mit der Erstellung unserer Kampagne:
Wir navigieren zum Werbeanzeigenmanager und
erstellen eine neue Kampagne*

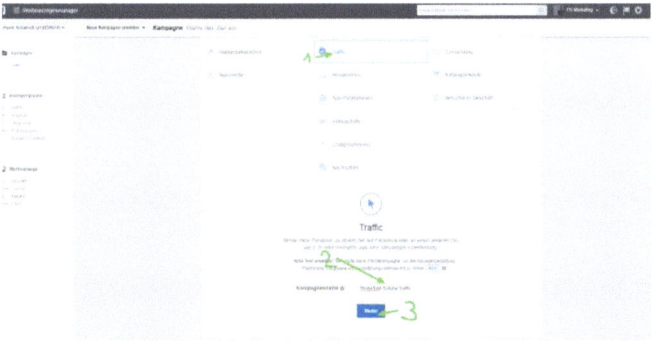

*Es gibt verschiedene Zielvorhaben. Wir erinnern uns,
dass wir noch keinerlei Pixeldaten haben und somit*

auch keine "Conversion" Kampagnen erstellen können (dafür sind Conversion Events notwendig, die vom Pixel geliefert werden)

Unser Hauptziel am Anfang ist es, unsere Pixel mit echten Daten zu füllen und idealerweise mit Daten von unserer "Traumzielgruppe".

Wir wählen also als Marketingziel "Traffic" aus, um erst einmal überhaupt Besucher auf unsere Shopseite zu bekommen.

Um nachher einen besseren Überblick zu behalten, benenne ich die Kampagne "WinterSale-Schuhe-Traffic".

Als nächstes definieren wir unsere Zielgruppe.

Es gibt zwei Möglichkeiten, die Daten aus den Zielgruppen Insights zu übertragen. Man kann in den Zielgruppen Insights die Eingaben als "Zielgruppe Speichern" und bei der Erstellung wieder aufrufen.

Man kann sich die Daten manuell übertragen. Ich mache es gerne manuell, um mögliche Änderungen oder eigene Ideen mit einzupflegen.

Zunächst geben wir unsere Zielregionen an:

Deutschland, Österreich (Austria), Schweiz

(PRO TIPP: Wähle bei "Standorte" die Einstellung "Personen die an diesem Ort leben", um auszuschließen, dass Touristen die eigentlich nur auf Durchreise sind und die Sprache nicht sprechen deine Anzeige sehen und du auch für diese Personen bezahlst)

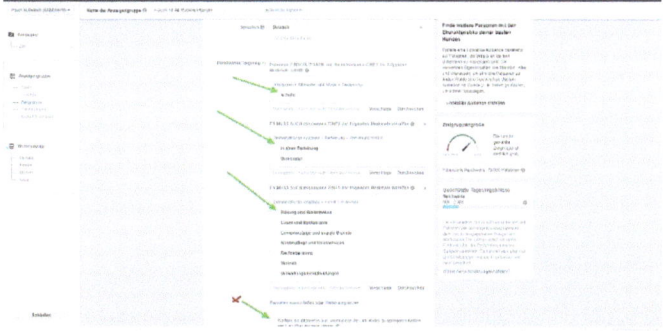

Im Bereich "Detailliertes Targeting" geben wir eigentlich nur das ein, was wir unseren Facebook "Zielgruppen-Insights" entnehmen konnten.

Wir haben vorab schon herausgefunden, dass Frauen, die Interessiert an Schuhen sind überwiegend "in einer Beziehung" oder "verheiratet" sind und in den gelisteten Branchen Arbeiten.

Somit haben wir jetzt eine Zielgruppe von insgesamt "73.000" Frauen, denen wir unsere Anzeige ausspielen können.

Ich empfehle beim letzten Punkt einen Haken zu setzen, so kann facebook die Interessensfelder anhand der Klickzahlen automatisch ausbauen und noch mehr Reichweite erzielen!

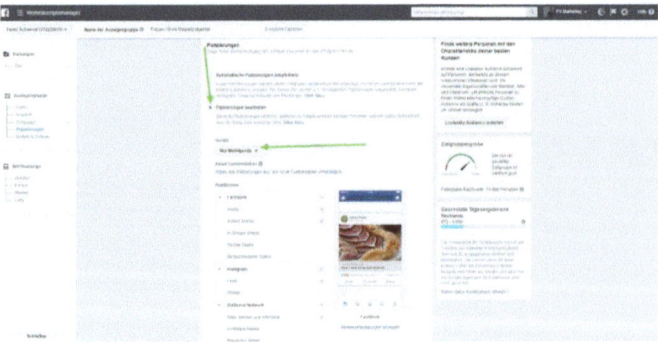

Wir haben auch herausgefunden, dass unsere Hauptzielgruppe überwiegend auf dem Handy unterwegs ist, weshalb wir "Nur Mobilgeräte" bei Platzierungen auswählen.

(PRO TIPP: Setze einen Haken bei "Nur bei bestehender W-Lan Verbindung".
Wenn Personen im W-Lan sitzen, haben sie oft viel mehr Zeit ein Angebot anzuschauen ohne Datenvolumen zu verbrauchen. Vielen ist Datenvolumen zu wichtig, als dass sie es für Produkte aufbrauchen. Außerdem kann man aus W-Lan schließen, dass der Nutzer in dem

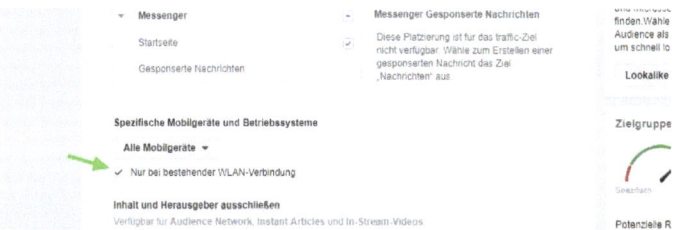

Moment an einem ruhigeren Ort ist, wie Zuhause oder Cafe)

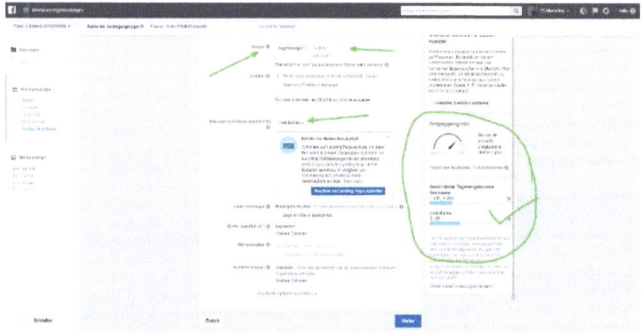

Ich werde oft gefragt, was für ein Budget man nutzen sollte.
Wenn ich eine Kampagne (wie die jetzige) von Scratch aufbaue und NULL Pixeldaten habe, beginne

ich immer mit einem Tagesbudget von 5€ und dem Fokus auf „Link Klicks".

Das primäre Ziel soll ja sein, neue Besucher auf die Verkaufsseite zu bringen, um in Zukunft mit den daraus gewonnenen Pixeldaten zu arbeiten!

Schritt 3: Werbeanzeigen Text erstellen und bestätigen

Facebook bietet mittlerweile viele Werbeformate an.

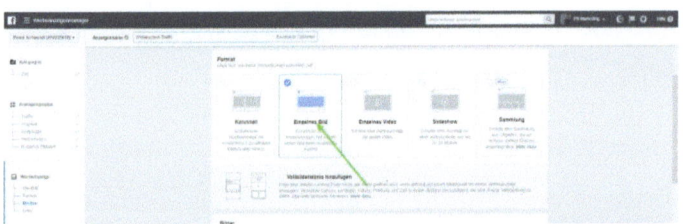

In unserem Szenario bewerben wir einen Onlineshop für dessen Bewerbung ich eigentlich einen „Produktkatalog" in Form eines „Karussels" bevorzuge. Um das Ganze aber so einfach wie möglich zu halten, nutzen wir die einfache „Bild – Anzeige".

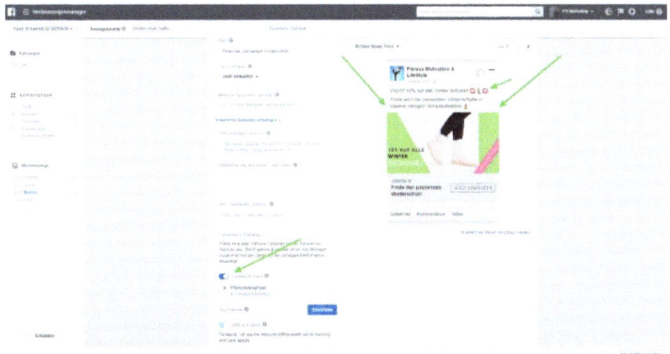

Der letzte Schritt ist die Texterstellung unserer Anzeige. Nutze dafür unbedingt Eye-Catcher in Form von Smileys!

Glaub mir, das macht die Anzeige gleich viel interessanter und freundlicher für den Betrachter. Es ist viel angenehmer, sie anzuschauen. Hier kanns du eine Übersicht aller Smileys finden:https://de.piliapp.com/facebook-symbols/

Denk daran, am Ende auch deine Pixel zu aktivieren, um zukünftige Aktivitäten und Daten zu sammeln und aus diesen Daten dann weitere, neue Zielgruppen und „Lookalike" Audiences zu erstellen.

Dar war meine Schritt – für – Schritt – Anleitung für Dich!

Nachdem alles aufgebaut ist, muss man die Anzeige nur noch in Auftrag geben und kann loslegen.

Ich hoffe, du hattest genauso viel Spaß beim Lesen, wie ich beim Schreiben.

Wenn du Fragen oder Anregungen hast, dann lass es mich gerne wissen: info@pavelsmarketing.de oder der Live Chat auf unserer Seite:

www.pavelsmarketing.de

Ich wünsche dir nun viel Erfolg beim Umsetzen.

Mit besten Wünschen

Pavel Schwindt

ERFAHRUNGSBOX

Das war ein Wahnsinns- Kapitel, oder? Man sagt:
„Wer die Bedürfnisse des Menschen erkennt und
richtig handelt, der wird bald ein reicher Mann sein"
Walter B. Walser

Das gilt genauso wie folgende Worte:
„Wer keine Probleme löst, darf sich nicht wundern,
dass sich keiner für das Angebot interessiert."
– *Peter Sawtschenko*

Mit diesen beiden Zitaten ist eigentlich schon alles zur
(Online-)Marketing - Welt gesagt. Es liegt nun an Dir
und Euch, die richtigen Fragen zu stellen, in die richtige
Zielgruppe hinein zu fühlen, die Ergebnisse
auszuwerten und letztendlich DAS EINE Produkt /das
Gefühl zu erzeugen, welches im Verkauf mündet. Nur
dann haben Landingpages und Conversions einen Sinn
(neben dem Geld verdienen): Sie helfen einem
Menschen und lösen ein Problem. Marketing = Du hast
verstanden, dass es eine Möglichkeit gibt, das Leben in
die eigenen Hände zu nehmen, Deinen Wert und den
Lebens-Wert für andere mit Lösungen zu steigern.

Gratuliere, so gehst Du mit Eigenverantwortung den
Weg zur persönlichen und finanziellen Freiheit
entgegen. Du bist ein Marketing-Fuchs! :-)

Mit Bloggen Geld verdienen

Geld verdienen durch Kooperationspartner/
Sponsored Posts/Schreibaufträge und mehr –
So findest Du Partner:

Um zu entscheiden, wie du nebenher mit deinem Blog noch Geld verdienen kannst, solltest du dir vorab überlegen, für was du das Geld brauchst. Denn davon hängt es auch ab, in welcher Form du Geld dazu verdienen möchtest.

Generell ist es egal, ob du das Geld benötigst, um deine Kosten für Server, Webhoster und Software zu decken, oder dir nur ein kleines Taschengeld hinzuverdienen willst.

Denn sowohl das Eine, als auch das Andere kann ein solider Blog abdecken.

Wenn du nur ein Taschengeld verdienen möchtest, reichen ganz einfache Dinge, wie zum Beispiel Affiliate – Links zu setzen, aus. Da fließt regelmäßig Geld, wobei die Höhe unerheblich ist und dir einfach nur ein regelmäßiges Zusatzeinkommen beschert.

Willst du aber damit ein regelmäßiges Einkommen erzielen, dann brauchst du eine feste regelmäßige Einnahmequelle. Und das bedeutet für dich im Umkehrschluss natürlich auch, dass du das Ganze professionell und mit harter Arbeit aufziehen musst.

Früher war Bloggen ehr ein Hobby nebenher. Das Bloggen diente dazu, seinen Gedanken freien Lauf und die Welt daran teilhaben zu lassen. Mittlerweile ist das etwas ganz anderes. Viele Blogger verdienen sich mit dem Bloggen ihren Lebensunterhalt. Doch trotzdem gilt es immer noch als leicht verpönt. Viele Menschen meinen, dass bloggen etwas für Faule ist. Doch das ist völliger Blödsinn.

Der kommerzielle Blog

Ein Blog ist in dem Moment kommerziell, indem du damit ein Einkommen erzielst. Sprich, sobald du Affiliate-Links schaltest, dir Geld einspielen, musst du diese Einnahmen versteuern.

Hierfür ist eine Gewerbeanmeldung notwendig. Wieviel du damit verdienst, und ob du es nebenher machst oder als Vollzeitjob, das ist dabei egal.

Das Gewerbe anzumelden ist hierbei der einfachste Schritt. Du musst hierfür nur zum zuständigen Gewerbeamt oder deiner Gemeinde gehen, und das Gewerbe dort anmelden. Entweder füllst du selbst ein

Formular aus und gibst es ab, oder der / die nette Sachbearbeiter/ -in macht das für dich und löchert dich dafür mit Fragen zu deinem geplanten Gewerbe. Die Höhe der Kosten sind hierbei von Gemeinde zu Gemeinde unterschiedlich und liegen meist zwischen 20 und 30 Euro.

Nach ein paar Wochen wird sich das Finanzamt bei dir melden und dir einen Fragebogen über die Art des Gewerbes schicken. Den füllst du dann noch aus und schickst ihn zurück.

Nun kannst du loslegen und mit deinem Blog Geld verdienen.

Unterschieden wird zwischen aktivem und passivem Einkommen. Soll das Einkommen aktiv sein, musst du ständig daran arbeiten und fortwährend etwas dafür tun. Das trifft auf folgende Bereiche zu:

- Dienstleistungen
- Produkttests
- Native Advertising und Advertorials

- Kurse und Seminare
- Abos, Mitgliedschaften
- Advertising mit eigener Akquise

Für ein passives Einkommen musst du in der Regel nur einmal etwas einrichten, der Verdienst kommt dann automatisch:

- Advertising über ein Network

- Affiliatemarketing

- Spenden

- Merchandising

Digitale Produkte finden sich irgendwo dazwischen. Denn ein E-Book verkauft sich zwar passiv, also mehr oder weniger von selbst, wenn einmal alles dafür eingerichtet wurde, allerdings musst du für die Erstellung des E-Books auch einiges tun.

Es muss geschrieben, im Layout angepasst und beworben werden. Du benötigst ein gutes ansprechendes Cover und musst dir Gedanken darüber machen, wo du es verkaufen willst.

Sicher, du kannst dein Buch auch von einem Ghostwriter schreiben lassen, doch der schreibt in der Regel auch tatsächlich nur. Inhaltlich muss es dennoch überprüft sein und den Rest, der nötig ist um es zu verkaufen, fällt auch trotzdem noch an.

Andere digitale Produkte brauchen insgesamt mehr Aufmerksamkeit. Wenn du zum Beispiel zu deinem Buch noch eine Online-Erweiterung erstellst, so wie ich es hier mit diesem Ratgeber mache, dann ist es wichtig, dass die Online-Erweiterung auch tatsächlich gepflegt und stetig erweitert wird. Denn nichts vermarktet sich schlechter als ein veraltetes Produkt. Und gerade im digitalen Bereich kann ein Produkt am einen Tag noch der absolute Renner und am nächsten Tag völlig veraltet sein.

Du musst dein Blog nicht groß verändern, wenn du damit verdienen willst. Ein paar Dinge allerdings gilt es zu beachten, wenn du Kunden und zahlende Besucher anlocken willst.

Kommen wir nun ans liebe Geld verdienen – zu sprudelnden (am besten) passiven Einnahmen mit der Zeit!

Ich habe schon für so einige Größen und Kooperationspartner geschrieben/Flächen und Artikelplätze auf meinem Blog bereitgestellt. Beispielsweise für Estefano´d Elano (mittlerweile Millionär im Datingmarkt- eine große Schmerznische).

Im Idealfall ist deine Startseite eine Landingpage. Also, ein Schaufenster, in dem du alles, was du anbietest, zur Schau stellst. Also unabhängig davon, ob das nun Blogartikel oder gar das eigene Buch ist; das können auch Produkte von Unternehmen mit denen du zusammenarbeitest sein oder Affiliate – Links. Dein Blog ist dabei aber immer das Herzstück, das stetig mit neuen Artikeln bedient wird und Leser auf deine Seite lockt.

Typische Maßnahmen

Wie du mit deinem Blog Geld verdienst

- **Produkte testen und darüber berichten**
  Das ist eine sehr interessante Möglichkeit, nebenher Geld zu verdienen. Ideal zum Beispiel für Mütter, die über die Erziehung bloggen. In diesem Fall eignen sich zum Beispiel Produkttest von Windelherstellern, Spielzeugherstellern etc. Deine Kinder dürfen das neue Spielzeug ausprobieren und du schreibst über deine Erfahrungen damit. Und schon hast du nebenher Geld verdient.

- **Eigene Produkte verkaufen (z.B. E-Books etc.)**
  Wenn du einen Blog betreibst, dann schreibst du ja in der Regel auch gerne. Warum die Hauptthemen deines Blogs nicht zusammenfassen und ein ganzes Buch darüber schreiben? Das muss für den Anfang ja kein Wälzer mit mehreren Hundert Seiten sein. Ein kleiner Ratgeber in E-Book Format mit rund 5.000 Wörtern ist schnell

geschrieben und reicht für den Anfang völlig aus. Da dieses Thema viel Aufmerksamkeit verdient, erhält es ein eigenes Kapitel.
Dazu mehr im Kapitel „ Das eigene Produkt"

- **Anzeigen anderer Unternehmen auf dem eigenen Blog schalten**
  Viele Unternehmen haben die Vorteile, die die vielen Blogs mit sich bringen, mittlerweile für sich erkannt und gehen Kooperationen mit Bloggern ein, um dort Werbung zu schalten. Klar, auf einem Blog, in dem es um die Behinderung eines Kindes geht, passt keine Werbung von VW. Aber für einen Blog, der eine Weltreise beschreibt, eben schon. Warum nicht im Rahmen einer großen Reise ein bestimmtes Modell als Leifahrzeug nehmen und dann über die Erfahrungen damit berichten?

- Das du hierfür im Vorfeld die verschiedenen Hersteller anschreibst und deine Berichterstattung auf deinem Blog anbietest wenn du im Gegenzug das Fahrzeug kostenlos für einige Tage fahren darfst, versteht sich von selbst ☺

Wenn du eine hohe Reichweite mit deinem Blog hast, und die Produkte passend dafür wählst, kann dir das einiges an Nebeneinkünften einbringen. Firmen nennen das dann „Blogger Relations", was ähnlich wie „Public – Relations" aufgebaut wird und im Prinzip auch das gleiche Ziel hat: Öffentlichkeitsarbeit! PR-Agenturen, die Blogger unter Vertrag nehmen (nur ein paar von wenigen Beispielen/mehr gibt es im Online-Zugang des Buches):

- GOSSIP+ Public Relations
- Boom Blogs
- Bkomm GmbH
- Brandsatz
- Ranksider
- Griffel & Co
- Pony & Blond

Diese Agenturen fragen direkt bei dir an, sobald dein Blog eine gewisse Reichweite und Sichtbarkeit erreicht hat. Sprich, wenn man dich gut genug findet, bekommst du automatisch eine Anfrage über eine Zusammenarbeit.

Profitipp 1: Da diese Agenturen in der Regel im Auftrag von Unternehmen handeln, halten sie sich beim Erstkontakt meist sehr bedeckt.

Daher ist es für dich sehr wichtig, dass du dich ebenfalls erst einmal zurückhaltend verhältst und nicht gleich auf das erste Angebot eingehst.

Profitipp 2: Lasse dir zum Beispiel einfach mal Beispiele früherer Kooperationen nennen (das zeugt von Interesse) & hake nach, wenn dir nicht sofort alles klar ist und vor allem: Stelle auch eigene Forderungen! Denn schließlich möchten diese Firmen ja etwas von dir und nicht umgekehrt. Du sitzt hier definitiv am längeren Hebel.

Da aber die Firmen natürlich nur ein begrenztes Budget haben, um solche Kooperationen einzugehen, solltest du einen ganz wichtigen Punkt beachten:

Überlege dir gut, wieviel dir deine Arbeit wert ist!

Was nichts kostet, ist nichts wert! Dieser Leitsatz gilt nach wie vor und eigentlich mehr denn je. Niemand möchte gerne viel bezahlen, aber trotzdem eine hochwertige Leistung erhalten. Ich wurde zum Beispiel schon oft gefragt, ob ich ein E-Book mit einer Bezahlung von 1Cent pro Wort schreiben würde.

Verkaufe Dich nicht unter Wert, denn:

Mache ich das aus Langeweile oder weil ich Geld verdienen möchte? 1 Cent ist nichts wert, dafür nehm ich nicht einmal auf meinem Schreibtischstuhl Platz. Solltest auch Du nicht tun.

Schließlich soll das Ergebnis am Ende ja auch stimmen und im Idealfall perfekt sein. Wer ein hochwertiges Produkt, oder eine erstklassige Bewerbung eines Produktes möchte, der muss dafür auch entsprechend in die Tasche greifen.

Und wenn dir die Argumente ausgehen, warum deine Arbeit auch etwas kostet, dann erklär den potentiellen Auftraggebern ruhig auch einmal, welche Kosten du mit den Einnahmen abdecken muss.

Behalte Dir immer im Kopf: Du bist ein/e ordentliche/r Gewerbetreibende/r, der/die schön brav Steuern bezahlt, sich krankenversichern muss und Ausgaben hat. Diese Argumente ziehen meistens sehr gut und du wirst schnell merken, wie du immer besser bezahlte Aufträge an Land ziehen kannst.

Reagieren / Selbst anschreiben: der andere Weg

Und wenn keine Anfragen kommen, dann werde selbst aktiv und schreibe du Firmen an. Such dir ein Produkt, das dir gefällt und zusagt. Dann setze ein vernünftiges Schreiben auf und wende dich direkt an den Hersteller oder das Unternehmen, welches dieses Produkt vertreibt.

Hier hast Du zwei Anschreibe-Beispiele:

1 Beispiel: Du wirst angeschrieben...

Hallo Frau Stephanie B-V.,

... sehr gerne können wir kooperieren – das Thema würde gut zur Themenwelt im freizeitcafe.info Blog passen.

Im Anhang finden Sie mein aktuelles Media Kit 2018. Ich freue mich auf weiterführende Informationen zum Umfang Ihres Auftrages und werde Ihnen dann darauf zugeschnitten meine Artikelpreise zusenden.

Mit herzlichen Grüßen aus Bochum, ...

2 Beispiel: Du schreibst an...

Sehr geehrter Herr XYZ,

seit geraumer Zeit verfolge ich Ihren starken Content auf Youtube.

Weil wir in der gleichen Nische tätig sind und voneinander profitieren können, freue ich mich auf eine baldige Kooperation. Ich habe diesbezüglich eine tolle Möglichkeit für uns beide entdeckt, um noch mehr Reichweite zu erzielen. Dazu wollen Sie ganz sicher mehr wissen. Im Anhang finden Sie mein MediaKit. Ich freue mich auf Ihre Antwort. ...

Mit freundlichen Grüßen... **(& Signatur nicht vergessen**):

Kooperationspartner
Wie man sie findet

Wenn du noch ganz am Anfang mit deinem Blog bist und er daher noch ehr klein ist, dann solltest du dich auch an kleinere Kooperationspartner wenden.
Das hängt damit zusammen, dass die Art deines Blogs einfach zu dem Unternehmen passen muss, für das du schreibst.

Am besten schreibst du dort jemanden an, stellst dich und deinen Blog vor und bringst dich so ins Spiel.

Sei aber bitte nicht enttäuscht, wenn es etwas dauert, bis du positive Antworten (oder überhaupt Antworten) bekommst. Das muss sich erst einspielen. Wie du ein Anschreiben erstellen kannst, habe ich ja bereits angesprochen.

Eine weitere Möglichkeit, Kooperationspartner zu finden, ist, sich an die Betreiber von Facebook – Gruppen zu wenden. Die suche auch oft Blogger und Bloggerinnen, allerdings musst du hier ganz besonders darauf achten, dass das Thema der Facebook – Gruppe zu deinem Blog passt. Ansonsten wirst du wohl eher Absagen erhalten. Es gibt massig viele Facebook-Blogger-Gruppen mittlerweile, aber nicht allen kann man trauen, wenn es um eine konkrete Auftragsvergabe/einen Schreibauftrag geht. Sichere Dich ab, dass Du nicht umsonst arbeitest und ja nicht auf eine Vorab-Leistung ein, wenn Du ein unsicheres Bauchgefühl dabei hast.

Wichtig: Auch Agenturen für die Vermittlung von Content sind immer wieder auf der Suche nach neuen Bloggern, die sie in ihre Kartei mit aufnehmen können.

Sicher kann es hier auch zu einer guten Kooperation kommen, allerdings schauen diese Agenturen sich deinen Blog meistens nicht an und du bist nur „Einer von Vielen".

In diesen Agenturen sitzen leider immer noch häufig Menschen, die sich der Ernsthaftigkeit des Bloggens nicht im Klaren sind und meinen, dass Blogger es nötig haben für jeden noch so kleinen Betrag alles zu schreiben.

Das dies totaler Quatsch ist, haben wir ja schon festgestellt. Verkaufe dich nicht so günstig! Solche Anfragen kannst du beruhigt ablehnen. Das zeigt Deine Charakterstärke.

Auch hier sind die Kontakte das A und O.

Unabhängig davon, wie du dir nebenher noch Geld verdienen möchtest, ist es sehr wichtig, dass du die Kontakte pflegst.

Es ist extrem nervig, wenn man seine Zeit investiert um jemanden zu finden, anzuschreiben und um ein Angebot für einen Text bittet, und dann kommt nicht einmal eine Antwort.

Daher gilt: IMMER ANTWORTEN! Auch dann, wenn dir die angebotene Zusammenarbeit nicht zusagt. Lieber eine höfliche Absage, als gar keine Rückmeldung.

Der Grund, warum man absagen möchte, liegt ja häufig in der Bezahlung, oder der Auftrag kommt zu kurzfristig, oder es geht um ein ungeliebtes Thema.

Wenn du hier ehrlich bist und der anfragenden Agentur mitteilst, warum du nicht an diesem Auftrag interessiert bist, dann kann es häufig durch entsprechende Verhandlungen doch noch zu einer Kooperation kommen.

Denn die Agentur wäre ja keine Agentur, wenn sie nicht erst einmal versuchen würde, für weniger Geld den Auftrag zu vergeben, als sie tatsächlich bereits sind zu bezahlen! Und auch das Thema muss nicht das Einzige sein, das sie im Angebot haben.

Vielleicht hast du irgendwann ja schon einmal über das angebotene Thema geschrieben und sie haben den Artikel im Netz gefunden und dich deshalb angeschrieben. Dass dir vielleicht das Thema nicht zugesagt hat, können sie ja nicht wissen, dass musst du ihnen mitteilen.

Manche Agenturen sind es durchaus wert, dass man sich als Blogger dort unter Vertrag nehmen lässt. Zum Beispiel „Boom Blogs", die für Elternthemen, Livestlye und Fashionblogs immer wieder neue Blogger suchen.

Auch „Cover PR", die weibliche Influencer vermarkten. Dort findet man die Bilder der Influencer, die sind anklickbar und man erfährt mehr über die Bloggerin.

Aber auch für wenig Geld kann man sich schon gute Anbieter heraussuchen. Blogvermarkter haben es sich zum Ziel gemacht, Firmen und Blogger zusammenzubringen und als Generalisten aufzutreten. Sie bieten alles an, von der Bannerwerbung über Affiliate – Links bis hin zu professionellem Content durch Blogger.

Hierunter fallen zum Beispiel (mehr im Online-Zugang):

- Ranksider

- Blogmission (vormals Rankseller)

- Blogfoster

- Seedingup

- Reachhero

- Domainboosting

Die Namen wechseln hier und da, wenn Firmen fusionieren oder vom Markt verschwinden/sich umbenennen. Aktuelle Firmen und Ansprechpartner werde ich Euch im Onlinezugang nach und nach auflisten.

Wie kommt man an die Produkte, um diese zu bewerben?

Das ist letztlich eine sehr gute, und vorallem wichtige Frage. Hast du ersteinmal deine Kooperationspartner gefunden, dann ist es nicht mehr so schwer, Produkte zu bekommen und diese zu testen.

Im Online-Zugang habe ich Dir u.a. bereit gestellt, wie man gratis an Bücher/Leseexemplare kommt & wer das anbietet.

Allerdings geht da nicht bei allen Produkten. Häuser, Autos und Ähnliches werden ja nicht zum „Behalten" verschickt.

Autos können probegefahren, Häuser besichtigt werden. Auch Urlaubsblogger bekommen, wenn sie in ihrer Arbeit gut sind, Einladungen für ein Bloggerreise. Habe ich auch schon gemacht und es war super schön!

Allerdings hat das dann nicht mehr viel mit Urlaub gemein, denn die Kunden setzen Aufmerksamkeit und

Reichweite für „Ihr Unternehmen/Ihre Location/das Hotel/Restaurant" etc. voraus. Ihr müßt auch etwas kreatives bieten & nicht nur abstauben nach dem Motto „Es war sehr schön bei Ihnen."

Vermeide also diese rote Karte für Folgeaufträge. Schließlich muss man das Programm absolvieren, welches vorgegeben ist und sich seinen „Urlaub" auch verdienen.

Trotzdem ist es schon genial, wenn man sich die „Welt anschauen" kann, und hinterher dann einen entsprechenden Reise- Bericht schreiben kann. Aber natürlich sind das nicht alle Möglichkeiten, um etwas zu testen und Testberichte zu schreiben.

Viele Hersteller freuen sich, wenn ihre Produkte kostenfrei beworben werden. So bieten zum Beispiel Spielzeughersteller Spielsachen für Elternblogger an, oder Technik- Freaks dürfen technische Gadgets testen.

Wichtig für dich ist:

- **Suche dir Partner, die zu dir passen**

  Du musst dich mit dem Produkt wohl fühlen. Es bringt nichts, wenn du zwei linke technische Hände hast und dich nicht richtig mit dem Produkt auseinandersetzen kannst. Ebenso sollte jemand, der nicht gerne liest, nicht unbedingt Rezensionen für Bücher schreiben.

Wenn du die Produkte extra zugeschickt bekommst, wird von den Firmen auch erwartet, dass ein entsprechend hochwertiger Content auf deinem Blog zu finden sein wird.

Und diesen hochwertigen Content lieferst du am besten bei Produkten, die dir selbst zusagen und dein Interesse wecken. Unternehmen merken, wenn der Blogger keine echte Begeisterung für ein Thema aufbringen kann und dann kann es durchaus zu einer Auflösung der Kooperation kommen.

- **Nimm nur Produkte zum Testen an, die du nicht zurücksenden musst**

Wenn ein Unternehmen erwartet, dass du Produkte wie zum Beispiel MakeUP, Bücher, Werkzeug oder TechGadgets zurückschickst, dann lass die Kooperation lieber sein und such dir ein anderes Unternehmen.

Die Firmen sollen sich nicht daran gewöhnen, dass du ihnen alles wieder zurückschickst und schließlich tust du ja auch etwas dafür....

Das klingt am Anfang vielleicht schwierig und kostet dich Überwindung. Doch so viel Selbstbewusstsein solltest du durchaus haben.

Denke daran: Schließlich bleibt dein Beitrag ja auch über Jahre hinweg im Netz und ist über die Suchmaschinen immer auffindbar. Das ist DEINE Leistung.

- **Nicht alles, was dir zugeschickt wird, musst du bewerten**
  Wenn du einmal einen bestimmten Bekanntheitsgrad erlangt hast, dann kann es durchaus sein, dass dir Unternehmen von selbst ihre Artikel zuschicken und möchten, dass du diese testest und einen Bericht darüber schreibst. In diesem Fall ist es dir aber freigestellt, was du machst. Du bist hier zu nichts verpflichtet. Schließlich hast du ja nicht um die Zusendung der Produkte gebeten. Und wenn du an dem Produkt Interesse hast, dann solltest du vorab die Bedingungen klären. Du musst ja schließlich nicht alles kostenlos machen ☺

Partnerschaft auf Augenhöhe

Für viele Firmen sind Blogger Relations etwas Neues oder sie meinen, dass man diesen „Hype" nicht ernst zu nehmen braucht.

Doch genau das Gegenteil ist der Fall. Ohne Blogger geht heut zu Tage fast gar nichts mehr. Blogging ist die neue Form der Presse. Presseberichte werden immer weniger, dafür kommen die Blogs immer mehr zum Vorschein.

Sicher werden Blogs niemals die traditionelle Presse vollständig ersetzen, zumindest nicht in den nächsten Jahren, aber sie haben einen mindestens genauso hohen Wert.

Gerade die junge Generation liest viel lieber auf Blogs, als auf dem Portal der Tageszeitung.

Leider ist es aber immer noch so, dass viele Firmen der Meinung sind Blogger sind einfache Hobbyisten, die bereit sind ohne Bezahlung ein paar Produkte zu testen und diese dann zu bewerben.

Nur so läuft das nicht, und das solltest du dir niemals gefallen lassen. Du machst eine hochwertige Arbeit, gehst deinem Job nach, wie jeder Andere auch.

Die wenigen Unterschiede zwischen dir und einem Journalisten sind, dass du nicht studieren musstest, um gut zu schreiben (das kannst du nämlich schon ganz von alleine ☺), Du arbeitest nicht in einer Redaktion, sondern vermutlich zuhause an deinem Schreibtisch, und du kannst dir deine Zeit so einteilen wie du es gerade brauchst.

Trotzdem lieferst du hochwertige Arbeit und eine gute Qualität.

Dein Job ist ebenso viel Wert, wie der eines Journalisten, der einen klassischen Pressebericht verfasst. Nur ist die Zielgruppe eine andere. Klassische Presseberichte werden meist von der älteren Generation, so ab 40+ gelesen, Blogs momentan noch überwiegend von den Jüngeren. Doch langsam ändert sich das immer mehr und auch Menschen, die die Jugend schon hinter sich haben, holen sich ihre Informationen mittlerweile häufig über einen Blog im Internet.

Lass dir nicht das Gefühl geben, dass deine Arbeit weniger oder nichts wert ist. Sei selbstbewusst und lehne Anfragen, die dir nichts einbringen ruhig ab. Schließlich wollen die Firmen etwas von dir, nicht umgekehrt.

Selbst ein Profi ist nicht von solchen Unternehmen abhängig. Du kannst dir deine Auftraggeber aussuchen und die Aufträge passend zu deinem Blog auswählen.

Aufträge abzulehnen ist gerade am Anfang nicht einfach. Viele Blogger sind der Meinung, dass sie gerade am Anfang alles annehmen sollten, was ihnen zwischen die Finger kommt. Doch das ist völliger Quatsch. Damit machst du dir dein Geschäft kaputt, bevor du es aufgebaut hast.

Sicher, am Anfang bekommst du nicht so hochwertige Aufträge, dass du gleich an einem Auftrag mehrere Hundert Euro verdienst. Das dauert seine Zeit, ist aber dennoch machbar.

Doch für 1Cent pro Wort musst du deine Arbeit nicht hergeben. Auftraggeber, die nicht mehr bezahlen möchten, müssen sich dann eben jemand anderen suchen.

Ich habe schon viele Aufträge abgelehnt, oder die Anfragen wurden zurückgenommen, weil ich zu teuer war… Aber hey, das ist nicht nur eine Frage des Geldes, sondern auch die des Respekts.

Kein Mensch würde für umgerechnet 5€ Stundenlohn arbeiten. Das ist nicht menschenwürdig. Es zeugt schon von fehlendem Respekt, wenn eine Anfrage überhaupt in diese Richtung geht.

Wenn dich ein Auftraggeber darauf hinweist, dass du doch damit zufrieden sein kannst, das Produkt zu testen und einen tollen Blogpost zu bekommen, dann rechne ihm ruhig mal vor, was eine klassische Werbeanzeige kosten würde, wenn er sein Produkt so hochwertig bewerben würde, wie du es für ihn machst.

Diese Werbeanzeigen oder auch oft Pressemitteilungen will nur niemand mehr. Diese Zeit ist vorbei und vorallem das Gegenteil vom Bloggen.

Doch nun stellt sich die Frage, was man als Blogger für seine Texte verlangen sollte.

Stundenlohn oder Wortpauschale?

Meine Erfahrung hat mir gezeigt, dass eine Wortpauschale zwar häufig noch verlangt wird, die Auftraggeber aber gerne einen planbaren Betrag haben möchten.

Nimmst du eine Wortpauschale, dann kannst du kein konkretes Angebot machen, da du im Vorfeld nicht sagen kannst, wie lange der Text genau wird. Denn schnell ist mal mal über den veranschlagten Umfang drüber, oder ein andermal hat man Schwierigkeiten, den geforderten Mindestumfang zu erreichen. Daher fragen viele Auftraggeber bereits im Vorfeld für einen Preis an, der etwas Spielraum lässt.

Ich werde zum Beispiel häufig gefragt, was denn bei mir ein Text mit 400 – 600 Wörtern kostet. Sag ich jetzt 3 Cent pro Wort kann der Endpreis zwischen 12 und 18 Euro schwanken, je nachdem wie viele Wörter der Text am Ende hat.

Nimmst du jetzt alternativ aber eine Stundenpauschale, dann fragt sich der Auftraggeber, ob du ehrlich bist und tatsächlich auch die angegebene Zeit benötigt hast.

Klar, hier ist Vertrauen angesagt, aber das ist bei jemanden, den man nicht kennt, ja auch nicht sofort zu 100% da. Das muss erst aufgebaut werden.

Also, was machst du nun mit deinem Preis? Ich habe das Problem so gelöst:

Ich habe mir eine Zeit lang aufgeschrieben, wie lange ich für einen Text benötigt habe und wie viele Wörter dieser Text dann hatte. Als ich 10 Texte hatte, habe ich mir den Durschnitt für 500 Wörter errechnet. Also wie lange brauche ich in etwa um einen durchschnittlichen Blogtext mit ca. 500 Wörtern zu schreiben.

Ich habe dabei festgestellt, dass ich für einen typischen Blog-Text, für den ich noch recherchieren muss, in etwa 1 Stunde Zeit benötige. Und danach richte ich meine Angebote aus.

Kommt also eine Anfrage für einen Text mit 400 – 600 Wörtern, dann biete ich diesen für pauschal 15 Euro an. Das entspricht einen Wortpreis von 3 Cent und einem Stundenlohn von 15 Euro. Ich gebe dabei in meinem Angebot dann an, dass dieser Preis für ca. 500 Wörter gilt und sich nicht verändert, unabhängig davon, ob ich nun etwas mehr oder etwas weniger Wörter habe.

Dieses Vorgehen wird durch die Bank sehr gut angenommen und hat mir schon viele gut bezahlte Aufträge verschafft.

Das klappt so aber nur, wenn es sich um kleinere Texte handelt. Für Ebooks habe ich andere Preise und mir einfach eine feste Pauschale überlegt, die dem entsprechendem Rechercheaufwand angemessen ist.
Handelt es sich bei dem Auftrag um umfangreichere Projekte, die viel Zeit in Anspruch nehmen, schätze ich den Zeitaufwand ab, rechne aus, wie viel ich mit meinem Stundenlohn (der je nach Art des Projektes etwas schwanken kann) verdienen würde und gehe dann pauschal noch um ca. 10 % nach unten.

Ein großer Auftrag bringt auch viel Geld ein und kann daher durchaus auch mit einem großzügigen Rabatt versehen werden. Das darfst du auch ruhig so kommunizieren. Dein Auftraggeber ist dankbar, dass du ihm entgegenkommst und du erhältst dafür echt gute Projekte.

Die Beträge, die ich hier nenne, sind nur Beispiele. Wenn du damit Geld verdienen möchtest, für andere etwas zu schreiben, musst du dir die Zeit nehmen und dir ausrechnen, wieviel du verdienen musst, um zu überleben bzw. wieviel Geld du zusätzlich zu deinem Hauptjob verdienen möchtest.

Vergiss dabei nochmals nicht, dass du Steuern bezahlen musst, dich gegebenenfalls krankenversichern musst, du hast Kosten für Strom, Software, Webhoster, ggf. eine Betriebshaftpflicht- und eine Cyberversicherung etc.

Du musst also wirklich alles mit einrechnen, was du an Ausgaben hast, um dir deinen durchschnittlichen Mindestverdienst zu berechnen.

Nehmen wir jetzt einmal an, du hast dich entschieden das Bloggen vorerst nur nebenher zu machen und willst damit ca. 400 Euro im Monat dazu verdienen.

Du hast dafür ca. 30 Stunden pro Monat Zeit. Das macht unterm Strich pro Stunde ca. 13.30Euro. Das ist also das, was du an Stundenlohn verlangen musst.

Wie du siehst, ist das Thema mit dem Verdienst gar nicht so einfach. Letztlich bestimmst du alleine deinen Preis, wenn du aber von dem Bloggen leben möchtest, dann musst du auch hier wie ein Profi rechnen.

Und wie wird bezahlt?

Wie du dich bezahlen lässt, ist auch dir überlassen. Wenn du allerdings keine Lust darauf hast, deinen Auftraggebern ewig hinterher zu laufen, um an dein Geld zu kommen, dann solltest du dich nicht auf eine Bezahlung nach Lieferung einlassen. Du darfst durchaus verlangen, dass du die Bezahlung vor Herausgabe des Textes erhältst.

Noch besser ist es, wenn du erst mit der Arbeit beginnst, wenn du die Bezahlung hast, das lässt sich in der Praxis aber nur schwer durchsetzen, da die Unternehmen dich nicht kennen und sich ja auch sicher sein müssen, dass sie den bezahlten Text auch erhalten.
Hier gibt es verschiedene Lösungsansätze, denen du folgen kannst.

- **Freelancer-Portale**
  Freelancer Portale sind eine feine Sache. Denn erstens bewirbst du dich dort meistens auf bestehende Anfragen und kannst dir so bereits im Vorfeld aussuchen, worauf du überhaupt Lust hast und was zu dir passt. Und der andere Vorteil ist, dass dort die Bezahlung meist über das Portal läuft.

Ich arbeite bevorzugt mit Twago zusammen. Auf Twago habe ich mein Freelancer- Profil, die Auftraggeber können sich also bereits vor Auftragsvergabe ein Bild von mir machen. In meinem Profil sind Leseproben von mir hinterlegt und jeder kann die Bewertungen einsehen, die mir gegeben wurden. Wenn mir ein Auftrag übertragen wurde, habe ich immer noch die freie Wahl, wie ich mich bezahlen lasse. Bei Erstkunden verlange ich im Normalfall immer, dass sie das Geld auf das sogenannte SafePay – Konto von Twago einzahlen. Das ist ein Treuhandkonto, an das niemand einfach so herankommt. Sprich, ich kann mir nicht einfach die Bezahlung holen, der Auftraggeber bekommt das Geld aber ohne mein Einverständnis auch nicht einfach wieder zurück.

Das ist eine absolut sichere Sache und ich hatte hier noch nie Probleme. Wenn ich mit meinem Auftrag fertig bin, gebe ich das dort an und sobald der Auftraggeber dies bestätigt hat, bekomme ich meine Bezahlung ausbezahlt.

- **Paypal**
  Paypal ist auch eine gute Möglichkeit, dich bezahlen zu lassen. Denn auch hier kannst du über Vorkasse gehen. Wenn dein Auftraggeber es richtig macht, dann zahlt er dort so, dass das Geld an einen „Händler / Dienstleister" bezahlt wird und somit hat er Käuferschutz. Das gibt ihm auch eine gewisse Sicherheit, dass sein Geld nicht verloren ist, falls du nicht liefern solltest. Da du aber ja ehrlich bist, und deine Texte auch lieferst, hast du hier ja nichts zu befürchten.

- **Rechnung**
  Das sieht schon anders aus. Diesen Schritt solltest du nur gehen, wenn du entweder schon länger mit dem Auftraggeber zusammenarbeitest und die Sicherheit hast, dass du dein Geld auch bekommst, oder aber wenn es sich um eine greifbare Firma handelt. Doch hier gehst du immer das Risiko ein, dass du deinem Geld hinterherlaufen musst.

Mach das also nur, wenn du dir absolut sicher bist, dass du das auch so handeln kannst. Leider sind auch große Unternehmen nicht immer fair und lassen ihre Auftragnehmer schon mal ziemlich zappeln, bis sie bezahlen.

- **Decimo**

  Habe ich ebenso kürzlich getestet. Das tolle daran: Du legst die Rechnung des Kunden vor, Decimo zahlt an Dich direkt binnen 24 Stunden aus & holt sich dann später das Geld vom Kunden. So bleibst Du flüssig als Blogger/in.

Was verdient eigentlich ein Blogger/eine Bloggerin?

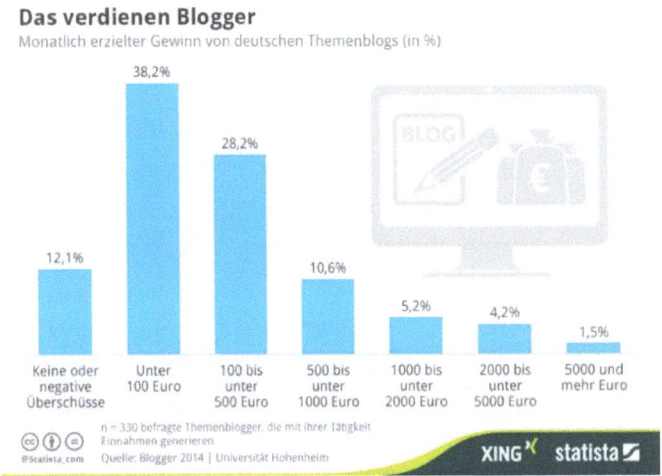

Das verdienen Blogger
Monatlich erzielter Gewinn von deutschen Themenblogs (in %)

n = 330 befragte Themenblogger, die mit ihrer Tätigkeit Einnahmen generieren
Quelle: Blogger 2014 | Universität Hohenheim

XING ✕ statista ◢

Bildquelle: XING

Du siehst: 2014 war das Bloggen noch recht unterbezahlt. Die meisten bekamen recht marginale Einnahmen für Ihre Arbeit. Laut neuesten Umfragen wachsen aber die Blogger/Influencer Einnahmen – und zwar steil nach oben. Unsere digitale Zeit!

Absolute NoGo´s

Es gibt Dinge, die ein Blogger nicht tun sollte und solche, die sich gut machen.
Zu den absoluten NoGo´s zählen:

- Arbeite nicht für Lau, du bist mehr wert! Lass dir nicht vorschreiben, was du schreiben sollst. Ein Blogger schreibt seine ehrliche Meinung und nicht vordiktierte Texte!

- Lass dich nicht auf unbezahlte Verlosungen oder Gewinnspiele ein. Das ist völliger Irrsinn. Wenn du darum gebeten wirst, dann verlange auch etwas dafür. Schließlich hast du die Arbeit damit!

- Bleib ehrlich und sag es deinem Auftraggeber, wenn du sein Produkt scheiße findest! Es ist niemanden damit geholfen, wenn du eine schlechte Meinung über ein Produkt im Internet verbreitest. Zur Not wirst du auf dein Honorar verzichten müssen. Wenn du aber, nur um dein Honorar zu bekommen, einen negativen Beitrag schreibst, kann das zum einen deinem eigenen Ansehen schaden und zum Anderen schnell sehr teuer werden, wenn dich der Auftraggeber wegen Rufschädigung verklagt.

Also lieber mit offenen Karten spielen und dem Auftraggeber mitteilen, dass du das Produkt nicht bewerben kannst.

Banner-Advertising

Werbebanner sind mittlerweile fast genauso alt, wie das Internet für Privatpersonen auch.

Bannerplätze zu vermieten ist daher immer noch ein großes Thema in Blogs. Die Banner erscheinen für gewöhnlich direkt auf der Startseite und sind für alle Besucher sichtbar.

Du hast zwei Möglichkeiten, Bannerwerbung einzusetzen:

- Klinken putzen und Kaltaquise
  Diese Möglichkeit ist zwar möglich, aber sehr zeitaufwändig und nicht wirklich lukrativ. Vorallem, wenn du mit deinem Blog noch nicht so bekannt bist.

- Anschluss an ein Werbenetzwerk.
  Am bekanntesten ist vermutlich AdSense

von Google. Wenn du dich einem Netzwerk anschließt, dann wird die Bannerwerbung automatisch auf deinem Blog eingespielt. Abhängig vom Content, der auf deinem Blog vorhanden ist, wird die Werbung passend dazu ausgesucht. Denk einmal an einen Reiseveranstalter. Wenn du dort auf die Seite gehst, dann werden dir Werbebanner für Outdoorkleidung, Flügen, Hotels etc. eingespielt.

- Genauso ist es auch mit deinem Blog. Und auch hier gilt: je spezifischer dein Blog ist, je besser du eine Nische ausfüllst, desto gezielter ist die Werbung. Streuwerbung ist zwar möglich, wird aber allgemein als lästig empfunden und selten gelesen.
  Werbung muss interessant sein, den Leser ansprechen. Nur dann wird sie wahrgenommen und auch gelesen. Du kannst zwar die Art der Banner ein wenig beeinflussen und machen Bereiche auch komplett ausschließen, jedoch längst nicht alles.

-

Beim Banner – Advertising zählen Pageviews.

Das ist das A und O. Je mehr Aufrufe du auf einer Seite hast, desto mehr Anzeigen kannst du verkaufen. Daher solltest du alles unternehmen, was dir möglich ist, um deine Seitenbesucher zu Klicks zu verleiten.

Das funktioniert am besten, in dem du Artikel zum Beispiel aufteilst. Schreibe ruhig einen langen Artikel und teile ihn auf 2 oder 3 Seiten auf. Der Leser muss dann von Artikel zu Artikel klicken und dein Pageview erhöht sich automatisch.

Genau aus diesem Grund findest du auch häufig Bildergalerien, bei denen pro Bild nur 1- 2 Sätze vorhanden sind. Willst du mehr zu dem Thema wissen, musst du zum nächsten Bild klicken.

Bedenke aber, das Anzeigen bei vielen Lesern nicht gerade beliebt sind. Es werden mittlerweile obligatorisch Adblocker eingesetzt, die Banner-Advertising automatisch blockieren.

Trotzdem kann es funktionieren, man muss es nur richtig machen.

Der falsche Weg wäre, wenn du die Banner im Footer unterbringst. Dort stört sie zwar deine Leser nicht, allerdings können sie sie dort auch nicht lesen und die Werbung läuft ins Leere. Also musst du deine besten

Plätze zur Verfügung stellen. Entweder ganz oben, oder in der Sidebar. Am sinnvollsten ist Werbung, wenn sie direkt neben dem dazu passenden Content platziert   wird.

Du schreibst einen Artikel darüber, wie sehr die Blasen an deinen Füßen geschmerzt habe, weil du die falschen Schuhe im Wanderurlaub dabei hattest? Dann platziere direkt drunter oder drüber oder auch ruhig mal zwischendrin, ein Banner. Du wirst schnell feststellen, dass die dort eingespielte Werbung für Wanderschuhe und Wanderurlaub sein wird.

Für Banner-Advertising gibt es unterschiedliche Netzwerke und Marktplätze, die in Frage kommen. Wenn du keinen davon kennst, dann informiere dich am besten über jeden einzelnen, schau dir die Bedingungen und Leistungen an und schließe dich dann dem Netzwerk an, das am besten z dir und deinem Blog passt.

Netzwerke & Marktplätze für Bannerwerbung im deutschsprachigen Raum:

- Adiro
- Schaltplatz
- Plista
- Outbrain
- Google - AdSense

WordPress-Plugins zur Integration von Bannerwerbung:

- Adsanity
- AdRotate
- Ad Widget
- OIO Publisher (Bezahlplugin)

Um Spenden bitten – ist das erlaubt?

Ja, es ist erlaubt, um eine Spende zu bitten. Wikipedia macht uns das immer wieder vor – und zwar sehr erfolgreich. Schnell kommen viele tausend Euro zusammen.

Wenn du eine Spendenkampagne startest, dann überlege dir, wofür du das Geld verwenden möchtest.

Sei bei der Kampagne auch ehrlich und schreibe ganz klar, warum du um eine Spende bittest, und was mit dem Geld geschehen wird. Soziale Projekte werden zwar schnell unterstützt, aber wenn du das Geld für deinen Blog brauchst, dann gib das auch ehrlich an.

Für einen Spendenaufruf eignet sich zum Beispiel folgender Text:

„Hallo liebe treue Leser! Ich freue mich jeden Tag aufs Neue, wenn ich sehe, wie stark dieser Blog gewachsen ist. Doch einen Blog zu unterhalten kostet nicht nur Zeit, sondern auch Geld. Daher freue ich mich über jeden Cent den Ihr spendet, damit der Blog weiter so umfangreich mit wertvollen Inhalten gefüllt werden kann. Ein paar Euro zu spenden tut niemanden weh und ihr habt die Sicherheit, dass der komplette Betrag dafür verwendet wird, den Blog noch attraktiver für euch zu machen und mit viel wertvollen Inhalten zu füttern. Es dauert keine Minute. Einfach auf den Paypal – Button klicken, Betrag eingeben und bestätigen. Vielen Dank"

Und so einen kleinen Bezahl-Button zu integrieren, geht schnell und einfach. Hier sind die Möglichkeiten:

- Flattr
- Leetchi
- Paypal
- Betterplace
- Patreon

Automatisierung

Das Ding mit der Automatisierung hatte ich lange Zeit nicht begriffen.

Das Internet bietet dir hervorragende Möglichkeiten, nahezu alle Prozesse zu automatisieren. Prozesse automatisch ablaufen zu lassen, spart jede Menge Zeit. Zeit, die du viel besser mit deiner Familie und deinen Freunden verbringen kannst, anstatt vor dem PC zu sitzen und die Prozesse manuell anzustoßen. Kling gut, oder?

Wenn die Automatisierung gelungen aufgebaut ist, dann ist es egal, wo du dich gerade aufhältst. Denn wenn deine Website- Besucher und die Interessenten süchtig nach deinen Artikeln sind, dann verlangen Sie automatisch danach. Das kann der Newsletter sein, den du zeitlich so einstellst, dass du nur noch den Versand anstoßen musst, wenn er an deine Leser verschickt werden soll.

Solange sie das Gefühl haben, dass du der einzige bist, der ihnen das Wissen, das sie möchten, so vermitteln kann wie sie es sich wünschen, bist du auf der Siegerseite.

Du kannst letztlich den vollständigen Prozess automatisieren. Das ist echt tricky, aber eine sehr effektive Methode, um deine Leser bei „Laune" zu halten.

Wie? Ganz einfach, diese absolut geheimen Methoden bindest Du in deine automatisierten Newsletter ein, die ja eh schon automatisch verschickt werden.

Du merkst, wie sich der Kreis schließt und das Rad beginnt sich zu drehen. Und zwar genau so schnell, wie Du es vorgibst. Ich kenne so ziemlich alle Möglichkeiten und Strategien im Online-Marketing. Diese hier ist aber die mit Abstand effektivste, da Du diesen Prozess lediglich einmal aufsetzen musst.

Ich gebe Dir mal mein eigenes Unternehmen als Beispiel voran: Die Blogger-Interviews von Dir/Euch auf bloggerinterview.com

Früher habe ich an einem Interview knapp über 1 Stunde gesessen, um dieses händisch einzupflegen. Ich bekam nichts dafür. Oftmals war das ziemlich undankbar und hatte für mich keinerlei Aufwand/Gewinn- Faktor.

Bis ich meine Prozesse automatisierte!

Ich habe ALLE Schritte mittlerweile so automatisiert (danke auch nochmal an Pavel Schwindt für Dein riesiges Engagement), dass ich nur noch ein Knöpfchen drücke – und das Interview ist fertig online!

Zeitgleich erfolgen automatische Newsletter via KlickTipp, Verkaufsfunnel, die eigenen Produkte niedrig wie hochpreisig, Upsells, Downsells, Facebook Ads, Chatbots usw. ... der Köcher wird ständig vergrößert & es kommt immer bessere und schnellere Technik zur Reichweitensteigerung hinzu.

Aber bleiben wir im Kleinen.

Ich gebe Dir auch gerne mal 2 reale offline - Beispiele, die für Automatisierung (auch in anderen Bereichen) stehen:

Denkt einmal an die kleinen Bankfilialen. Früher standen dort noch 5 Mitarbeiter/innen am Schalter, heute begrüßt Euch dort ein Automat. Ein schlechtes Beispiel unserer digitalisierten Zeit, in der man oft menschliche Leistung und Arbeitsplätze zur Gewinnoptimierung einspart.

Aber auch das ist unsere Zeit und Automatisierung.

Positiv: Auch neue Arbeitsplätze entstehen.

Mal ein schöneres Beispiel:

Ein Verkäufer muss bzgl. Beratung für Produkt XY bei jedem Kunden komplett bei „null" beginnen. Er erklärt mit sehr viel Zeiteinsatz immer dasselbe in seinem Ladenlokal. Er hielt nie viel von online. Irgendwann kann sich der arme Mann wohl nicht mehr selber reden hören und beschließt sein Angebot auch online anzubieten.

Er ist begeistert von den Prozessen, er beschließt seine gute Beratung in ein Webinar zu packen, welches sein Verkaufsgespräch immer und immer wieder vollautomatisch an tausende Menschen seiner Zielgruppe ausspielt- weil er jemanden beauftragt hat, Facebook-Ads darauf zu schalten. Und siehe da: Ein Umsatz-Plus von 400%. Herr X. ist nun begeistert von „Online" – und verkauft trotzdem noch gerne in seinem Ladenlokal (aber nicht mehr unter Druck). Er fühlt sich freier, macht auch mal eher zu, er schont seine Stimme, verweist gern mal auf online und ist insgesamt einfach sorgloser. Dank Online-Marketing und Automatisierung. Ein schönes Beispiel unserer Zeit.

Fazit: Mein Glückwunsch! Du bist jetzt ungefähr 20 Schritte weiter- denn Du hast die Automatisierung verstanden!

Vor allem online! Denn Du erklärst das nur 1x und dein automatisierter Prozess führt das Beratungs- und Verkaufsgespräch mit jedem Kunden vollautomatisch für dich. Zeitersparnis und Glücksgefühle werden Dich erwarten. Auch auf Messen zum Kontakte- sammeln funktioniert neue Technik super! Und in Deutschland ist so viel Potential für Automatisierung nach oben hin möglich. Sei eine/r der ersten, die dies nutzen!

Der Gastbeitrag von Nico Lampe

Während dieses Buch entstanden ist, hat sich Nico bei mir gemeldet und mir angeboten, einen Gastbeitrag für das Buch zu schreiben. Da das für mich eine sehr große Ehre ist, und ich euch das Wissen, welches er vermitteln kann, auf keinen Fall vorenthalten möchte, findet ihr diesen Artikeln nun auf den nächsten Seiten. An dieser Stelle ein sehr großes Dankeschön an Nico Lampe!

Hier nun der Beitrag von Nico:

Die wichtigste Frage, die Dich wirklich beschäftigen sollte, ist doch:

„Wie erreiche ich mit möglichst geringem Zeit- oder Geldeinsatz den besten finanziellen Erfolg?"

Lustigerweise habe ich mich genau das gefragt, seitdem ich 15 Jahre alt war. Mein Name ist Nico Lampe und ich bin mit 21 Jahren (stand 2018) dort angekommen, wovon ich als Jugendlicher wirklich geträumt habe.

In den folgenden Absätzen darf ich Dir als Gast-Autor in Christians Buch einen kleinen Schritt weiterhelfen. Meine Leidenschaft liegt bei digitalen Produkten.

Digitale Problemlöser-Produkte, die automatisiert über Werbeanzeigen an suchende Kunden verkauft werden - um genauer zu sein.

Lass mich Dir das an einem einfachen Beispiel erklären:

Andrea bricht nach einer langen Beziehung den Kontakt zu ihrem Freund ab, beschließt die Beziehung zu beenden. Thomas ist damit absolut nicht einverstanden und möchte alles dafür tun, um Andrea zurückzugewinnen. Er sucht Rat bei seinen Freunden, in der Familie und in Foren. Aber niemand kann ihm wirklich die beste Vorgehensweise verraten, mit der er Andrea zurückerobern und sie wieder von sich begeistern kann.

Thomas beschließt im Internet nach der Suchphrase „Wie gewinne ich meine Ex-Freundin zurück?" Zu suchen und wird an erster Stelle auf eine Werbeanzeige aufmerksam.

Diese Werbeanzeige leitet ihn auf eine Pre-Sell-Page, die ihm erste wertvolle Tipps zur sofortigen Umsetzung an die Hand gibt und ihm zeigt, was mit der richtigen Hilfe nötig ist.

Thomas entschließt sich dazu, die Hilfe in Anspruch zu nehmen, bezahlt den Zugang zum Mitgliederbereich und erhält dort detaillierte Schritte von einem studierten Profi, dessen Hauptaufgabe es ist, Beziehung wiederherzustellen.

„Aber Nico, hast Du Beziehungen oder soziale Verhaltensweisen studiert?" - „Nein".

Ich habe lediglich geprüft, welche Probleme mit einem Leidensdruck oder „Kittelbrennfaktor" vorhanden sind - Probleme, die den Personen zu schaffen machen, denn Geld wird nur dort verdient, wo man Probleme lösen kann.

Nachdem man recherchiert, wem man wobei helfen könnte (am Beispiel des Beziehungs-Endes von Thomas und Andrea) prüft man, ob reale Nachfrage besteht, ob Interessenten also bereit wären, für eine detaillierte Lösung Geld zu bezahlen.

Das mache ich beispielsweise über meine eigens entwickelte 6-Schritte-Umfrageformel, die mir innerhalb von 7 Tagen verrät, ob Personen aus der Zielgruppe wirklich Interesse an der Lösung haben. Nachdem ich das für 30 - 50€ geprüft habe, indem ich die Umfrage mit einer kleinen Belohnung an die Zielgruppe auf Facebook schalte - geht es weiter zum Outsourcing.

Denn wie Du sicherlich weißt, bin ich kein Beziehungsexperte. Da ich aber weiß, dass ein reales Problem besteht, welches von der Zielgruppe zu lösen versucht wird - kann ich in Ruhe in Vorleistung gehen.

Hier gibt es zwei Wege.

1. Weg: *Ich erstelle alles selbst, lese mich ein, definiere einzelne Schritte und To- Do's um in den gewünschten Ideal-Zustand zu gelangen.*

2. Weg: *Ich beauftrage einen echten Profi, dem die Thematik und die Lösung bekannt ist und bezahle ihn für seine Arbeit.*

Im Beispiel meiner Ex-zurück-Anleitung habe ich einen amerikanischen Profi damit beauftragt, mir entsprechende Lösungsstrategien, einzelne Schritte und sofort umsetzbare Tricks bereit zu stellen und zahle dafür einen fixen Betrag.

Diese Inhalte lasse ich dann beispielsweise durch einen weiteren Freelancer oder Mitarbeiter übersetzen und packe alles in übersichtliche Präsentationen, die dann von mir oder einem Freelancer besprochen werden. Was danach folgt ist ein passendes Verkaufsvideo und ein Mitgliederbereich mit geschütztem Zugang.

Wie Du sicherlich gemerkt hast, habe ich die volle Entscheidungsmacht, ob ich alles selbst erstellen möchte und Geld einspare - oder ob ich Zeit einspare und mit meinem Wissen die richtigen Profis beauftrage. Ich persönlich habe 2015 alles selbst recherchiert, mir angeeignet und einfach verständlich vorgestellt, was eine Menge Überwindung gekostet hat.

Leider kann ich mich aber nicht in 6 verschiedenen Märkten als „Experte" positionieren und lasse seitdem den Großteil meiner Arbeit outsourcen - da ich weiß, dass die Anleitung verkauft wird.

Nochmal zum Verständnis: Wenn ich mir nicht sicher bin, dann erstelle ich diese Anleitung auch nicht, sonst wäre das ein Investment meines Geldes oder meiner Zeit. Im Endeffekt bezahlt die Zielgruppe mit dem Problem ihre Anleitung selbst, wenn man es schlau anstellt und nur Anleitungen für Problem-Löser-Produkte in Auftrag gibt oder selbst erstellt - wenn eine konkrete Kaufkraft besteht.

Nach der einmaligen Erstellung steht der wichtigste Teil an: Die richtige Vermarktung und Positionierung der Problemlösung. Dabei greife ich auf Facebook Werbeanzeigen oder Google AdWords zurück, um meine Zielgruppe auf meine Lösung aufmerksam zu machen. Natürlich ist das nur die absolute Vogelper-spektive - ich möchte keine Verwirrung, sondern eine klare Übersicht bieten.

Falls Dich diese wenigen Sätze neugierig gemacht haben, dann schau Dir doch **gern mal meinen YouTube-Kanal „Nico Lampe"** an, damit Du von den hilfreichen **Videos aus der Praxis** profitieren kannst die Dir dabei helfen erfolgreiche Problem-Löser- Produkte zu erstellen.

Ich bin froh heute sagen zu können, dass ich damit nicht nur eine riesige Menge Lebenszeit gewonnen habe, sondern auch finanziell wirklich frei bin, da die Einkommensquellen größtenteils automatisiert sind. Ich würde mich riesig freuen, dich dabei unterstützen zu dürfen und wünsche Dir den besten Erfolg!

Dein Nico Lampe.Ps.: Bring ein bisschen Energie mit, die brauchen wir dabei!

Zum Dienstleister werden

Fassen wir einmal zusammen:

Du hast deinen Blog erstellt, schreibst jeden Tag oder jeden zweiten Tag einen Beitrag, verdienst Geld durch Produkttest die du dann bewirbst, Affiliate – Links und Banner – Advertising spielen dir nebenher automatisch Geld ein, ohne dass du etwas dafür tun musst und dein monatlicher Newsletter läuft auch schon nahezu automatisch. Ok, schreiben musst du ihn, aber das geht dir ja leicht von der Hand und braucht daher nicht viel Zeit.

Da liegt es doch nahe, mit dem Schreiben noch zusätzlich Geld zu verdienen.

Als Dienstleister zu arbeiten, beziehungsweise im eigenen Blog das Schreiben als Dienstleistung anzubieten, ist etwas sehr Naheliegendes. Du schreibst für dich, für die Welt da draußen und deine Leser sind von dir begeistert. Also warum nicht bewusst damit Geld verdienen?

Das hat rein gar nichts damit zu tun, dass du kommerziell wirst und deinen Blog dafür „missbrauchen" würdest. Ganz im Gegenteil. Du nutzt nur deine Präsenz um Aufträge zu bekommen. Die Startseite deines Blogs dient ja eh als Landingpage, also warum nicht direkt so aufbauen, dass sie als Schaufenster für potentielle Auftraggeber zu erkennen ist?

Wenn ein Unternehmer auf deinem Blog landet und deinen Schreibstil mag, dann kann es durchaus sein, dass er dich darum bittet für seine Website die Texte zu erstellen. Nur muss diese Möglichkeit auch zu sehen sein. Nur, wenn du dafür wirbst, wirst du auch entsprechende Aufträge erhalten.

Mögliche Aufträge können sein:

- Texterstellung für Websites von Unternehmen
- Werbetexte
- SEO – Optimierung
- Content für andere Blogs erstellen
- Anfrage für Ebooks
- Beratung für Newcomer der Blogger-Szene
- U.v.m.

Wenn du für andere Unternehmen Texte verfasst, dann ist es wichtig, dass du bei deiner Handschrift bleibst. Den Schreibstil an den bestehenden Content anzupassen ist ok, aber du solltest dich nicht verbiegen. Niemand möchte Nachahmer haben. Die Firmen erwarten einen Unique Content, der von dir kommt. Denn deshalb haben sie dich engagiert. Also bleib dir treu und erhalte deine Persönlichkeit! Eine Firma, die von dir nur erwartet, dass du nach „Ihrem Mund redest", ist das Geld nicht wert, das sie dir dafür zahlen sollen.

Du hast mit deinem Blog etwas Besonderes geschaffen und das lieben deine Follower. Also bleib dir treu!

Abgesehen davon, wählen die Unternehmen ja dich aus, weil du eben so bist wie du bist und weil sie deinen Blog ja mögen. Du bist glaubwürdig und genau davon möchten die Firmen und Marken etwas abhaben. Deine Glaubwürdigkeit färbt nämlich auf Ihr Unternehmen, oder ihre Marke ab, wenn du für sie schreibst. Und so lange du davon profitierst darf das auch ruhig so sein. Im Fachmagazin Styleranking drückt Roland Schweins das so aus: „ „Fashionblogger stehen für Authentizität. Sie inszenieren Produkte so glaubhaft für ihre Follower, dass keine herkömmliche Werbekampagne hier mithalten kann."

Neben dem Angebot auf deinem eigenen Blog kannst du auch Plattformen für Freelancer nutzen.

Es gibt einige davon, doch nicht alle sind lukrativ.

Die bekanntesten Plattformen sind:

- Twago.de
- Workgenius.com
- Freelancer.com
- Projektwerk.com
- Freelancermap.de

Die Konditionen sind hierbei unterschiedlich. Suche dir für dich die Plattform aus, mit der du am besten klarkommst. Du und deine Plattform müsst zusammenpassen. Nicht überall bekommst du die Projekte angeboten, die zu dir passen.

ERFAHRUNGSBOX

Du hast endlose Möglichkeiten & Chancen.

Du kannst als Blogger/in sehr sehr viel Geld verdienen – wenn Du es richtig machst und vor allem: Wenn Du immer am Ball bleibst! Erschaffe im Zuge dessen Deine eigenen Produkte, stärke Deine eigene Expertise und entwickele Dich und Deine Produkte ständig weiter; nur das führt zum Erfolg. Mache Affiliate Marketing!

Wenn man mich fragt „Was verdienst Du?", gebe ich ehrliche Antworten. Das kann am Tag mal nur 20 Euro sein (wenn ich hunderte Euro investiert habe in meine Projekte), oder auch mal 9.000 Euro Gewinn an nur einem einzigen Abend durch einen Launch.

Du denkst, das schaffst Du nicht? Dann bist Du nicht der/die richtige für dieses Business. Ein Rechenbeispiel (nur damit Du verstehst, WAS in diesem Bereich alles möglich ist):

Als Angestellter musst Du 20 Jahre lang ein jährliches Einkommen von 50.000 € haben, bis Du die Million verdient hast. (das ist schwer zu schaffen, oder?

Als Blogger verkaufst Du 10.000 Menschen ein 100 Euro Produkt (das ist machbar & in der heutigen, digitalen Zeit ein Geschenk, dass DU nutzen solltest!) Denke darüber nach & MACHEN!

Das eigene Produkt

Jetzt folgt die Königsdisziplin für Dich. Mit dem ersten, eigenen Produkt habe ich persönlich viel zu lange gewartet.

Das ein oder andere kurze E-Book habe ich schon geschrieben, aber ein ganzes Buch, mit nahezu 300 Seiten ist schon eine ganz andere Herausforderung.

Und sicher habe ich auch genau deshalb schon oft gehört, dass Blogger zwar mal mit einem Buch begonnen haben, es aber nicht fertig gestellt wurde.

Woran liegt es, dass so viele nur anfangen, aber nie zum Ende kommen?

Das ist echt witzig. Denn selten kommt als Antwort, dass jemand nicht weiß wie es geht, oder keine Idee hat, wie er schreiben soll. Das Hauptproblem ist das Wörtchen

„Irgendwann"! (Kurz: Aufschieberitis!)

Wer sich ein Projekt auf „Irgendwann" legt, der kann gleich mit der Planung aufhören. Am besten noch bevor er damit angefangen hat. „Irgendwann" ist kein Ziel, sondern ein „vor sich herschieben".

Wenn du „irgendwann" einmal damit angefangen hast, dir Gedanken darüber zu machen, ein Buch zu schreiben, dann überlege Dir doch auch direkt einmal, warum du schreiben möchtest. Sicher, deshalb, weil du schreiben kannst, weil es dir Freude bereitet und deine Leser nach dir süchtig sind. Also willst du ihnen mehr bieten, wie „nur" den Blog.

DANN TU ES AUCH!

Setze dir ein Ziel und fang endlich an. Aber lege den Start nicht auf „in zwei Wochen" oder „In einem halben Jahr" oder „Im Urlaub fang ich an".

Fange jetzt an, sofort.

Denn dein Thema für das erste Buch ist eigentlich schon fest. Du musst nur damit beginnen. Welches Thema? Ganz einfach: Das Thema, um das es in deinem Blog geht. Das ist das erste Buch, das du schreibst.

Warum darüber? Weil du hier Erfahrung hast. Hier bist du der Spezialist und genau damit hast du die Leser für dich gewinnen können. Also ist es doch auch naheliegend, darüber ein Buch zu schreiben.

Mein erstes richtiges Buch ist dieses hier. Ich liebe es, ich liebe die Arbeit daran und es fällt mir vor allem leicht, zu schreiben. Warum? Weil ich hier der Spezialist bin. In meinem Blog geht es nicht um Ernährung, oder Sport oder sonstiges , sondern um das Bloggen!

Und genau darum schreibe ich dieses Buch hier. Weil ich es kann.

Und es fühlt sich gut an. Es ist ein irres Gefühl, zu sehen, wie sich die Seiten füllen, die Themen immer mehr ausgearbeitet werden und aus einem kleinen Word-Dokument ein Text entsteht, der immer mehr die Form eines Taschenbuches annimmt.

Und jetzt kommt das ABER, an dem viele scheitern. Denn ein Buch zu schreiben erfordert nicht nur, gute Texte formulieren zu können. Ein Buch ist sehr umfangreich. In diesem hier stecken geschlagene 6 Monate Zeit, bis es so ist, wie du es jetzt in Händen hältst.

Um ein Buch zu schreiben brauchst du neben der Idee und innerer Stärke vorallem eines: Durchhaltevermögen!

Du musst dich immer wieder aufs Neue motivieren und darfst den inneren Stimmen, die dir weismachen wollen, dass du es doch nicht kannst oder das doch keinen Sinn hat und es eh niemand lesen oder kaufen wird, keinen Glauben schenken.

Du musst jeden Tag aufstehen, dir sagen „Ich schreibe dieses Buch fertig, ich schaffe das und es wird für meine Leser ein absoluter Mehrwert sein" Und wenn du dich nicht selbst täglich motivieren kannst, dann lass das andere übernehmen. Schließe dich einem Forum für Neuautoren oder einer entsprechenden Facebook-Gruppe an. Frage andere Bloggerherzen, warum sie so erfolgreich sind mit teilweise hunderttausenden Followern in Ihre Nische. Hier und genau von diesen Menschen bekommst du oft und immer wieder auf jeden Fall neue Motivationsschübe her.

Nur mit dem Mut, das Projekt zu Ende zu bringen, wirst du es auch tatsächlich schaffen.

Und ganz wichtig: setze dir ein Ziel, bis wann das Buch veröffentlicht werden soll. Sonst schiebst du es immer wieder und immer wieder weiter und weiter. Und dann wird es doch nie fertig. Schaffe Dir eine Deadline. Auch ich mache das gerade, weil es sonst 3000 Seiten werden- nur so viele Seiten will keiner lesen.

Das Ziel muss realistisch sein, das ist klar. Ein Buch innerhalb von wenigen Wochen zu schreiben ist nahezu utopisch. Ein Buch braucht Zeit, vor allem dann, wenn man es nicht hauptberuflich schreibt.

Halte durch und du wirst sehen, dass das Ergebnis die ganze Mühe wert ist!

Bestsellerautor – das eigene Buch

Das ist nicht übertrieben, das ist tatsächlich möglich. Auch du kannst ein Bestsellerautor werden. Denn ob ein Buch gut ist oder nicht und ob es gelesen und gekauft wird oder in den Regalen der Buchhändler verstaubt, hängt nicht nur davon ab, wie du schreibst.

Zu Beginn wird ein Buch nämlich nicht gekauft, weil du so gut schreiben kannst. Deine Leser kaufen dein Buch, weil du als Blogger beliebt bist und sie deinen bisherigen Stil schätzen. Sie wollen mehr von deinem Content lesen.

Deshalb macht es auch Sinn, als erstes Thema eines zu wählen, über das du sowieso schon viel schreibst.

Wer dich als Blogger nicht kennt, wird auf den Inhalt aufmerksam und kauft ein Buch deshalb. Deshalb muss das Cover auch passen und ansprechend sein. Und der Rest? Der passiert ganz von alleine.

Ab jetzt ist Mund zu Mund Propaganda deine Werbung. Ads. Automatisierung. Emails. Jemand, der dein Buch liest und begeistert ist, wird es weiterempfehlen. Und dann verkauft es sich irgendwann von selbst.
Du musst also gar nicht selbst von deinem Werk derart überzeugt sein, dass du es jedem anpreisen möchtest. Das hilft sicher noch zusätzlich, ist aber nicht unbedingt der Auslöser für einen Bestseller.

Hier noch eine echt witzige (reale) Geschichte für alle Bloggerherzen:

Sicher kennst du Stephen King. Kaum jemand kommt an ihm vorbei und vermutlich hat fast jede Leseratte schon mindestens eines seiner Bücher gelesen (bei mir war es Friedhof der Kuscheltiere).

Sein Werk „Carrie" jedenfalls hat ihn derart schlecht überzeugt, dass er es in den Müll geworfen hatte. Seine Frau sah das anders, hat es wieder herausgeholt und siehe da: Mit „Carrie" gelang Stephen King der Durchbruch.

Ähnlich ging es J. K. Rowling. Sie war von ihrem „Harry Potter" alle andere als begeistert und hat es nur veröffentlicht, weil ihre Freundin sie überzeugt hat. Und auch das wurde zu einem absoluten Welterfolg, sogar mit Verfilmung.

Wie genial bitte ist das?! Genau das kannst nämlich auch DU! Du musst dich nur trauen.

Groß oder Klein – Ebook oder Taschenbuch?

Diese Antwort liegt alleine bei dir. Du kannst alles schreiben. Ob das nun ein kleines E-Book ist, oder gleich der Bestseller, bleibt dir selbst überlassen.

Wenn du dir nicht sicher bist, ob du es zeitlich schaffst, solange durchzuhalten, bis ein ganzes Buch fertig ist, dann kanns du auch mit einem kleineren Projekt beginnen.

Fange zum Beispiel damit an, den vorhandenen Content aus deinem Blog zu einem E-Book zusammen zu fassen. Nimm die Artikel, füge sie in ein Word-Dokument ein und schmücke die Themen ggf. noch etwas aus. Du hast hier zwar nicht viel Neues, aber du lernst Stück für Stück, ein Buch aufzubereiten, in ein entsprechendes Layout zu bringen und zu strukturieren.

Im nächsten Schritt fängst du dann damit an, dir aus deinem Content ein bei deinen Lesern beliebtes Thema herauszusuchen und darüber mehr zu schreiben. Dann kannst du damit ein weiteres E-Book füllen und veröffentlichen. So nach und nach werden dann deine Bücher fast schon automatisch immer umfangreicher, weil du sicher schnell auf den Geschmack gekommen bist.

Um ein Buch zu publizieren, musst du gar nicht an einen Verlag herantreten. Amazon macht es mit Kindle sehr einfach, ein E-Book zu veröffentlichen.

Doch darauf würde ich mich gar nicht verlassen. Für ein kleines Ebook kannst du auch zum Beispiel mit Elopage zusammenarbeiten und dein Buch direkt über deinen Blog verkaufen.

Wenn du den Verkauf so richtig ankurbeln möchtest, dann bietet es sich an, das über einen Distributor zu machen. Die Distributoren verbreiten dein E-Book auch über viele weitere Kanäle, du erhältst eine ISBN für das Buch und kannst es per PrintOnDemand sogar im Buchhandel anbieten.

Bekannte Distributoren in Deutschland sind:

- Bookrix
- ePubli
- XinXii
- Neobooks
- BoD
- Feiyr
- StoryLorry

Leanpub ist eine weitere Möglichkeit, ein Buch zu veröffentlichen. Und die ist noch dazu sehr abgefahren. Denn dort kannst du ein Buch schon veröffentlichen, wenn es noch gar nicht fertig ist.

Du kannst zum Beispiel Kapitel für Kapitel schreiben und veröffentlichen. Die Never-Ending-Strory praktisch. Wenn das richtig aufgezogen wird, und du einen guten Spannungsbogen einbaust, werden deine Leser schon gespannt auf die Fortsetzung warten.

Das Lektorat – bitte nicht unterschätzen!

Ja, es kostet Geld, und ja es ist nervig. Dennoch ist es unumgänglich, wenn du möchtest, dass dein Buch erfolgreich wird. Warum? Ganz einfach:

Du kannst schreiben, das steht fest. Aber ein Lektor schreibt auch nicht für dich, sondern überprüft dein Buch auf Rechtschreibfehler, Grammatik und Schreibstil. Er schaut, ob alles passt, ob du eventuell Textpassagen umformulieren solltest, weil sie zu unverständlich sind oder dein Deutsch nicht korrekt ist.

Ein Buch lektorieren zu lassen kann echt Gold wert sein. Außerdem haben Lektoren oft noch gute Ideen, die eingebaut werden könnten.

Außerdem sehen vier Augen mehr, als zwei. Und man selbst wird irgendwann betriebsblind. Das ist normal und gehört dazu. Und deshalb ist es eben so wichtig, dass du einen guten Lektor hast.

Ich kann meine Lektorin, Melanie Stadelbauer, sehr empfehlen. Sie arbeitet zuverlässig und gründlich. Da sie auch Grafik – Designerin ist und in verschiedenen Bereichen arbeitet bietet sie den idealen Rundumservice an, der nötig ist um Zeit und Geld zu sparen. Das ist ein echter Gewinn.

Auf ihre Seite kommt ihr über www.ms-grafik.com

Die unabhängige Einkommensquelle

Das ist das Schöne an einem Buch: man macht sich einmal die Mühe, es zu schreiben und der Rest läuft dann von alleine. So baust du dir mit der Veröffentlichung mehrerer kleiner Ebooks bereits ein gutes Nebeneinkommen auf.

Blogger Workshops und Treffen
selbst veranstalten

Einen Workshop zu veranstalten ist auch eine tolle Möglichkeit, um Geld zu verdienen. Workshops bieten sich für alle Themen an, die unter deinen Lesern aktuell sind.

Mit einem Blog für Mamis sind natürlich alle Themen interessant, in denen es um die Alltagsprobleme mit Kindern geht.

Für technisch orientierte Blogs sind das dann passende Workshops zu technischen Schwierigkeiten/neuestes Apple-Zubehör etc., die Dinge immer wieder angesprochen werden.

Wie du siehst, es gibt viele Möglichkeiten.

Wenn du das Ganze richtig aufziehst, und zum Beispiel zuerst kostenloses Wissen zu dem Thema weitergibst, dann kannst du auch Workshop- Teilnehmer dafür gewinnen. Der Workshop kostet dann natürlich Geld. Und je nachdem wie umfangreich er ist, kann das auch schon mal im höheren zweistelligen Bereich pro Teilnehmer sein.

Oder du bietest ungezwungene Bloggertreffen an. Wir vom Bloggerherz machen das beispielsweise. Zum gegenseitigen Kennenlernen- daraus ergeben sich oft tolle Kooperationen und Gedanken. Daraus kann ein Feuer werden. Man kann sich natürlich einfach und ganz zwanglos- nur zum quatschen treffen.

In allen Punkten gilt vom Ablauf her (oft):

Du mietest einen **Seminarraum in einem Hotel** an. Dieser Raum/diese Räume sind mit allem ausgestattet, was man braucht. Tische, Beamer, Flipchart etc.

Das Hotel übernimmt das komplette Catering, stellt bei Bedarf Zimmer und kümmert sich um das Wohl der Gäste. Das ist oft überraschend preiswert, wenn man es nicht gerade in New York macht. Hotels wollen ausgebucht sein und brauchen Gäste, viele unterhalten deshalb professionell zugeschnittene Seminarräume.

Du findest sie auch in Landgasthäusern, dort besonders günstig. Die Seminare selbst sind hingegen eher teuer. In der Regel werden die Plätze von Firmen gebucht. Das kann pro Teilnehmer 300, 500 oder auch 1.000 Euro kosten.

Es kommt darauf an, wie gefragt dein Thema und wie exklusiv dein Wissen darüber ist. Dein Blog ist der lebende Beweis für deine Expertise. Zudem brauchst du ein gewisses Talent für diese Nummer. Leider ist es nicht einfach, ausreichend Teilnehmer zu akquirieren, zumal man an einen festen Termin gebunden ist.

Melden sich zu wenige Leute an, lohnt sich die Sache nicht, aber wenn du absagst, musst du schon eingenommene Gelder zurückzahlen. Das kann Schmerzen verursachen.

Wir organisieren unsere Bloggerherz-Treffen übrigens über eine eigens gegründete WhatsApp-Gruppe.

Jene dient auch zum gegenseitigen Pushen und Helfen. Wenn auch Du den Zugang haben möchtest, schreibe mir doch einfach eine PM auf Instagram an freizeitcafe.

Lernen 4.0

Der digitale Weg des Lernens

Digitales Lernen ist zwar immer noch nicht ganz im Zeitalter der modernen Technik angekommen, aber es ist klar auf dem Vormarsch und wird immer stärker auch von Privatpersonen angenommen und gezielt gesucht.

Schließlich bietet es viele Möglichkeiten. Man kann sich mittlerweile nahezu zu jedem Thema in irgendeiner Weise digital fortbilden und neues Wissen aneignen.

In welcher Form es angeboten wird, hängt ganz von den Umständen und Möglichkeiten ab. Von einfachen Online – Kursen bis hin zu sehr umfangreichen Lehrgängen ist nahezu alles dabei. Will man eine große Anzahl an Menschen gleichzeitig erreichen, bieten sich Webinare an.

In diesem Kapitel möchte ich dir ein paar Informationen über die gängigsten Möglichkeiten an die Hand geben.

Denn das Zeug, mit diesen Möglichkeiten Geld zu verdienen, hast du. Schließlich kannst du ja schreiben. Und sicher gibt es auch einen Bereich, in dem du dich so gut auskennst, dass du dein Wissen auf Papier bringen und unter die Leute mischen kannst.

Online Kurse

Ein Onlinekurs ist im Prinzip etwas Ähnliches, wie ein E-Book. Nur strukturierter und in kleine Einheiten aufgeteilt.
Nehmen wir mal das Thema Blogging. Es gibt unheimlich viel Wissen und Information zu diesem Thema. Aber du bist doch der Blogger! Du kennst dich hier aus.
Also, warum nicht einen Online – Kurs daraus machen und das Wissen weitergeben? Ein Kurs ist leicht erstellt. Man benötigt nur das richtige Programm für die Aufbereitung.

Die Schritte, wie du einen Online- Kurs erstellst, habe ich für dich hier zusammengestellt:

- **Überlege dir das Thema deines Kurses**
  Das ist ersteinmal das A und O und wohl der einfachste Schritt. Suche dir hier ein Thema aus, bei dem du dich richtig gut auskennst. Je mehr Wissen du bereits hast, desto weniger Zeit musst du mit der Recherche verbringen. Wenn du dein Thema gefunden hast, dann kannst du loslegen.

- **Entscheide dich für ein Satzprogramm**
  Ein Satzprogramm dient dazu, die Inhalte ordentlich auf eine Folie zu bringen und zu organisieren. Die Folien lassen sich mit einfachen Mitteln zusammenfügen. Im Prinzip kannst du das auch mit Power Point machen, jedoch haben Satzprogramme mehr Möglichkeiten. Mein Favorit ist hier InDesign von Adobe. Mit diesem Programm lässt sich unheimlich viel machen und man ist relativ leicht eingearbeitet.

- **Such dir eine geeignete Plattform**
  Man benötigt nicht viel, um einen einfachen Kurs online zu stellen. Wenn du den Kurs erstellt hast, dann kannst du dir zum Beispiel das Lernmanagementsystem von Wordpress

laden und dort deinen Kurs online stellen. Einen sehr guter Artikel zum Thema Plattform hat Michelle Retzlaff in dem Artikel <u>8+ Plugins & Plattformen für Online Kurse und Mitgliederbereiche mit WordPress</u> geschrieben.

Wenn dir das alles zu viel Aufwand ist, oder du keine Zeit dafür hast, bietet sich Udemy an. Das ist ein flexibler Online- Hoster für Online – Kurse. Der Kundenservice ist so toll aufgebaut, dass du dort sogar Unterstützung für den Verkauf erhältst.

Auch Webinare kannst Du wunderbar nutzen. Beispielsweise für den direkten Abverkauf nach einer 30-minütigen Content- Darbietung.

Webinare

Webinare sind diesbezüglich auch so ein toller Schachzug im Zuge unserer weitgehend immer mehr automatisierten Welt.

Ein Webinar ist im Prinzip ein Vortrag, der Online gehalten wird.

Als Plattform hierfür bietet sich zum Beispiel Adobe Connect an oder auch Skype Business. Wobei Skype hier für dich wahrscheinlich erst einmal die bessere Variante ist, da sie günstiger ist.

Bei den Webinaren solltest du dir überlegen, ob du sie kostenlos oder kostenpflichtig anbietest.

Empfehlen kann ich dir die Kombination aus beidem. Du kannst zum Einen ein kostenfreies Webinar anbieten, in dem du „oberflächliche" Informationen weitergibst und einen groben Einblick in das Thema. Für die, die mehr wissen möchten kannst du dann ein Seminar erstellen. Aufgeteilt in mehrere Webinare, natürlich kostenpflichtig und vielleicht am Ende sogar mit einem kleinen Test.

Auch gibt es tolle Webinar-Software, zahlreiche Plugin´s und erweiternde Tools, die Dir helfen werden, auch diesen automatisierten Verkaufskanal einzurichten. Links dazu in der Onlineversion von 1MIO.

ERFAHRUNGSBOX

Ich persönlich habe mit meinen ersten, eigenen Produkten viel zu lange gewartet. Ich musste erst angestupst werden, um diesen Schritt zu wagen.

Wohin man auch blickt – oftmals ist keine nachhaltige Qualität in vielen Produkten dort draußen.

Das kannst DU besser!

Es ist nie zu spät mit dem eigenen, digitalen Produkt anzufangen. Nutzt die Goldgräberstimmung des digitalen Wandels für Euch.

Ich habe beispielsweise mit einem 25-seitigen, klitzekleinem Handout anfangen & es mittlerweile zu tausenden verkauft.

In unserem VIP 1 Mio Bloggerherz Online-Zugang zeige ich Dir auch die Schritte und Menschen, die Dir dabei weiterhelfen können. Sei es denn für das Erstellen Deines ersten, eigenen Produktes, für den Verkauf Deiner Produkte via Facebook-Ads, und und und.

Nutze das Informationszeitalter.

Fühlst Du Dich antriebslos, abgestumpft, müde und von der ganzen Technik überfordert? Du bist nicht allein!

Es gibt Sie! Die Schattenseiten inmitten dieser ewigen Nutzung und Verfügbarkeit via Social Media.

Vor allem die zwischenmenschliche Kommunikation leidet. Immens viele Menschen leiden gesundheitlich darunter, was mir mein eigener Artikel zur WhatsApp-Sucht und die Kommentare meiner Leser darauf ziemlich hart vor Augen führte.

Und die Tendenz, daß immer mehr von WhatsApp, Instagram, Facebook, ja einfach Socialmedia- Sucht betroffen sind, zeigt stark nach oben!

In einer interessanten ipass Studie von 2011 (mensch das ist 7 Jahre her- kann demnach nur „schlimmer" geworden sein durch noch mehr mobile Nutzung!) sah es bereits so aus, dass 29% der Befragten angaben, schon immense Beziehungsprobleme durch Smartphone/App und Co. gehabt zu haben. Kommunikation wird verkürzt. Das schafft Fehlinterpretationen (siehe der twitternde Trump).

Noch schlimmer: 35% müssen unbedingt Ihre Mails und Co. checken sobald sie die Augen aufgemacht haben.

77% nehmen Ihr Smartphone mit ins Schlafzimmer. 44% können es nicht ertragen, wenn das Smartphone – während sie zu Hause sind – nicht in Arm-Reichweite ist! Hier ist die eindrucksvolle Infografik für Euch:

Infografik by iPass Inc

Wo gibt es Hilfestellen, wenn man die Online-Sucht nach Smartphone und Co. selbst nicht mehr in den Griff bekommt?

Mittlerweile gibt es zum Glück viele gute Anlaufstellen – auch wenn sich viele Ihrer Sucht nicht bewußt werden wollen. Das Netzwerk für Ratsuchende auf

http://www.aktiv-gegen-mediensucht.de/foren/1/

ist da beispielsweise zu nennen. Weitere Hilfe kann man erwarten in und bei: Kliniken, Ärzten, Therapeuten, Netzwerken, Präventionsstellen, Ambulanzen, Offline-Alternativen, und Infostellen mit mehreren Millionen Zugriffen in der letzten Zeit. Es gibt sogar schon eine Onlinesucht-Ambulanz namens OASIS (von der Ruhruniversität Bochum ins Leben gerufen). Lasst Euch helfen! https://www.onlinesucht-ambulanz.de/oasis-den-medien

Digitaler Burnout

Die Diagnose Burn – Out zählt mittlerweile schon zu den häufigsten Diagnosen, wenn Menschen langzeitkrank werden.

Und dabei geht es gar nicht mehr nur darum, dass ein Firmenchef zu viel arbeitet und deshalb irgendwann keine Energie mehr hat.

Viel mehr zu schaffen macht uns der digitale Burnout. Und der kann jeden von uns erwischen.

Nach einer Studie der Uni Bonn unter der Leitung des Jungprofessors Alexander Markowetz verbringen wir rund 2,5 Stunden am Tag am Smartphone. In dieser Zeit wird es überwiegend für den Abruf von Emails und Chatnachrichten entsperrt.

Das sind mehr als 10% der Zeit, die uns ein Tag bringt. Und wenn man jetzt noch die durchschnittlichen 8 Stunden Schlaf abzieht, dann verbringen wir fast 15% unseres Tages vor dem Smartphone.

Diese Studie wurde mit ganz normalen Menschen gemacht, die ganz normalen Jobs nachgehen.

Ein Blogger, der mit dem Schreiben von Artikeln und Antworten auf Kommentare seinen Lebensunterhalt verdient, verbringt ja schon zwangsläufig bis zu 8 Stunden am Tag am Bildschirm.

Hinzu kommt die ständige Erreichbarkeit, die mittlerweile von der Gesellschaft gefordert wird. Antwortet der Blogbetreiber nicht innerhalb einer bestimmten Zeit (die Spanne hierfür ist meist relativ kurz), dann muss man schon mit blöden Kommentaren rechnen, nur weil man nicht ständig erreichbar ist.

Das führt dann dazu, dass du als Blogger bis zu 50% deiner Zeit mit den digitalen Medien verbringst.

Und das ist definitiv nicht gesund! Ein Gegenpart dazu sollte wie gesagt mein Freizeit-Netzwerk freizeitcafe.com werden- leider hat man die Sinnhaftigkeit dahinter (noch) nicht erkannt.

Um hier einem Burnout vorzubeugen, hilft es, wenn du dir selbst vernünftige Regeln aufstellst. Diese Regeln könnten zum Beispiel so aussehen:

- **Lege dir einen offiziellen Arbeitsbeginn fest.**
  Der erste Blick auf das Smartphone erfolgt erst, wenn die offizielle Arbeitszeit begonnen hat.

- **Teile deinen Tag in Etappen ein und mach zwischendurch Pausen.**
  Für Angestellte im Büro gilt, dass pro Stunde

5 Minuten Bildschirmpause gesetzlich vorgeschrieben sind. Diese Zeit summiert sich meist und wird dann auf 2 oder 3 mal über den Tag verteilt genommen. Mach das auch dann, wenn du selbständig bist und viel Zeit mit dem Bloggen verbringst.

- **In den Pausen den Bildschirmarbeitsplatz verlassen** und das Smartphone am Schreibtisch liegen lassen!

- **Halte dich an deinen offiziellen Feierabend.** Wenn du Feierabend hast, dann bist du auch online nicht mehr erreichbar. Darauf hat jeder das Recht!

- **Setze dir feste Zeitfenster, um auf Kommentare zu antworten** Wenn du einen Blog betreibst, der ein zeitnahes Antworten von Kommentaren erforderlich macht, dann leg dir hierfür feste Zeitfenster fest. Z.B. am Abend von 20 – 21 Uhr. Außerhalb dieser Zeit werden keine Kommentare oder Anfragen beantwortet, die nach Feierabend eingegangen sind.

- **Mindestens 1 freier Tag pro Woche.** Der Sonntag ist nicht ohne Grund bei uns in Deutschland immer noch ein Feiertag an dem die Geschäfte geschlossen haben. Versuche auch du, dich daran zu halten. Lass das Smartphone auch mal liegen und unternehme etwas mit deiner Familie, mit Freunden oder auch alleine.

- **Entspanne ohne Medien**
  Such dir eine Möglichkeit, wie du ohne Medien entspannen kannst.
  Zum Beispiel im Schwimmbad oder beim Sport.

- **Urlaub ist Urlaub!**
  Der muss sein und auch da sollte das Bloggen mal pausieren. Blogartikel lassen sich auch timen, was bedeutet, dass du eine bestimmte Zeit festsetzen kannst, zu der der Artikel dann online geschalten wird. Das gibt dir die Möglichkeit, deinen Urlaub entsprechend vorzubereiten und Artikel bereits im Vorfeld zu verfassen. Die Onlineschaltung erfolgt dann ganz automatisch und du kannst deinen Urlaub genießen ohne auch nur ein einziges Mal auf deinen Blog geschaut zu haben.

Wie du siehst, gibt es tatsächlich viele Möglichkeiten, wie du einem Burnout vorbeugen kannst. Nutze sie aber auch, denn diese Tipps bringen dir nur etwas, wenn du sie umsetzt.

Wenn du noch mehr Informationen zum Thema Stress, digitgaler Burnout und Entspannungsmöglichkeiten möchtest, kannst du dich gerne mal auf dem Blog www.stressbehandlung.info umsehen. Hier findest du viele sehr wertvolle Artikel allgemein zu dem Thema Stress.

Grafik: Adobe Stockfoto Human – Business Evolution by panco

ERFAHRUNGSBOX

Es kann jeden treffen. Kennt Ihr den Film „The circle" mit Tom Hanks und Emma Watson? Hier wurde eindrucksvoll gezeigt, wie sehr der zu hohe Grad von ständiger Aufmerksamkeit/Beobachtung und Erreichbarkeit dazu (ver)führt zu einem Opfer des digitalen zu werden. Immer müde und ruhelos zu sein. Immer das Gefühl zu haben, etwas zu verpassen. Auch ich habe diese Anflüge in meinem Social-Media-Leben berufsbedingt schon verspürt. Und ich kenne Menschen, die dem verfallen sind -und aus eigener Kraft nicht wieder herauskommen (WhatsApp Sucht und Co.).

Achtet bitte ALLE auf Euch, damit das Digitale niemals einen viel zu großen Platz in Eurem Leben einnimmt. Macht Pausen!

Vom Bloggen leben

So habe ich es geschafft

Ein Fehler, der häufig gemacht wird, ist seinen Blog von vornherein als Hauptjob betreiben zu wollen. So schön wie das wäre, wenn es klappen würde.

Aber solche Senkrechtstar

ter sind extrem selten. Ich kenne zumindest nicht Einen, der es geschafft hat von heute auf Morgen mit einem Blog berühmt zu werden und von den Einnahmen leben zu können.

Deshalb solltest du auf jeden Fall deinen Blog langsam aufbauen und als zusätzliche Einnahmequelle sehen. Wenn du es aber richtig aufziehst, dann kann das durchaus die Grundlage für deine Existenz sein.

Vorerst ist deine Existenzgrundlage aber dein Job! Durch deinen Job werden die Fixkosten gedeckt und du hast normalerweise ausreichend Geld, um dir Essen und Klamotten zu kaufen und dir vielleicht auch mal etwas leisten zu können.

Doch davon kann man sich keinen Luxus leisten. Zumindest der Großteil, der normal bezahlten Jobs (und

das ist momentan ja nicht besonders viel Geld) ermöglicht dir kein Leben in Luxus.

Wer sich nun sein ganzes Leben darauf verlässt, dass
er nach Feierabend die Zeit damit verbringt, abzu-
schalten und sich auszuruhen, der schiebt seiner Entwicklung einen Riegel vor. Allerdings ist das nicht besonders aufbauend, sondern ehr entmutigend. Je
länger man in diesem Hamsterrad festhängt, desto
schwieriger wird es, sich da heraus zu pellen und wieder eine Perspektive für sein Leben zu bekommen.

Man sitzt nur noch da und wir mit der Zeit immer
frustrierender. Doch warum eigentlich? Warum stehen so viele Menschen nicht auf und tun etwas gegen
die Stagnation in ihrem Leben?

Mir war das irgendwann zu blöd und ich bin aufge-
standen und habe entschieden, etwas dagegen zu
tun. Mit meinem Blog-Baby www.freizeitcafe.info
habe ich begonnen, etwas aus meinen Fähigkeiten zu
machen und meinem Leben eine Wende zu geben.

Der Weg war lang und steinig und ging mir alles andere als leicht von der Hand. Es war mit viel Arbeit
verbunden und hat mehrere Jahre gedauert. Aber, es
hat sich gelohnt!

Denn heute bin ich einer der erfolgreichsten Blogger in Deutschland und habe vielen anderen Bloggern geholfen, ihren Traum vom Bloggen zu verwirklichen und damit Geld zu verdienen.

Viele Menschen lassen sich vom Erfolg anderer blenden und sind der Meinung, dass es ganz einfach ist, mit Bloggen Geld zu verdienen. Doch tatsächlich zählen nur wenige Menschen zu den Glücklichen, die es geschafft haben, als Senkrechtstarter nach Oben zu kommen und auch dort zu bleiben.

Die meisten Blogger, wie du und ich, gehören zu der Kategorie, die für ihren Erfolg auch tatsächlich arbeiten müssen und oft nur wenig Geld auf die Seite bekommen. Und jeder kocht nur mit Wasser.

Für lange Zeit wird das Einkommen gerade einmal dafür reichen, die nötigsten Lebenshaltungskosten zu decken.

Doch das Durchhalten wird sich lohnen. Denn wenn man es erst einmal geschafft hat und weiß, wie man erfolgreich einen Blog so betreibt, dass er Geld einspielt, dann bleibt man meist auch erfolgreich.

Ihr fragt euch, was das Geheimnis meines Erfolges ist?

Das lässt sich ganz einfach beantworten:

Die Liebe zum schreiben, ein eiserner Wille nie aufzugeben, Durchhaltevermögen auch in Durststrecken und die Bereitschaft, vieles hinten an zu stellen um meinen Blog/mein Business nach vorne zu bringen. Während sich andere in den Club´s dieser Stadt haben volllaufen lassen, habe ich akribisch an meinen Zielen und Werten gearbeitet.

ERFAHRUNGSBOX

Hat man sich in das Bloggen eingefunden und hat seine Prioritäten darauf gelegt mit seinem Blog auch etwas Geld zu verdienen, so kann man bereits nach einem Jahr mit einem kleinen aber hübschen Nebenverdienst rechnen.

In ersten Jahr sollte man vor allem versuchen seine eigene Stimme im Internet zu finden und zu schauen, womit man anderen wirklich eine Hilfe sein kann. Natürlich muss zunächst das ganze Technische gelernt werden, aber sobald man das verinnerlicht hat und sein Design gefunden hat, reichen zwei Stunden am Tag, neben dem Job, locker dafür, um seinen Blog florieren zu lassen und sich nach und nach ein passives Einkommen aufzubauen.

Und jetzt wünsche ich Dir noch viel Spaß beim Umsetzen der 1 MIO Bloggertipps (stetig wachsend auf unserer Seite: Der Erweiterung für Dein Ebook hier! Vielen herzlichen Dank, Dein Bloggerherz.

Nachwort

Einsame, schlaflose Nächte für Euch – wie ein Wolf...

... aber immer der Sonne entgegen. Die vielen Tipps, die ihr in diesem Buch gelesen habt, sind nicht einfach nur recherchiert und in eigenen Worten wiedergegeben.

Nein! Das ist ein Teil meines Lebens, meine Erfahrungen die ich gemacht habe und mit der Umsetzung derer ich es geschafft habe, von dem Einkommen, was ich durch meine Bloggertätigkeit erziele, leben zu können.

Ich glaube daran, dass jeder in sich sein Feuer und seine Leidenschaft entdecken wird.

Die Zeit dafür war nie besser. Und was gibt es (auch im realen Leben) schöneres, als zu helfen? Oder jemanden in seiner Weiterentwicklung zu begleiten. Jeden Tag lerne ich neue Menschen kennen. Sie überraschen mich mit Dankbarkeit für das was ich tue.

Diese stetig-wachsende Bloggerherzfamilie stärkt mich. Ich wünsche auch Dir genau so ein Gefühl.

Dann ist das, was Du tust keine Arbeit mehr, sondern Deine Leidenschaft.

Und ich bin nicht der einzige, der Mitten in der Steinzeit ein Laserschwert hat.

Lebe Deinen Traum und lasse Dich niemals davon abbringen. Ich habe es geschafft!

Und DU KANNST DAS AUCH!

Ich wünsche Dir bei der Umsetzung und Verwirklichung Deiner Herzensprojekte Dein ganz persönliches Glück. <u>Vielleicht verstehst Du jetzt das Zitat vom Anfang des Buches besser:</u>

„Wenn es so ist, daß wir nur einen kleinen Teil von dem leben können, was in uns ist – was geschieht mit dem Rest?

… und das Zitat geht noch weiter…

Wir lassen etwas von uns zurück wenn wir einen Ort verlassen; wir bleiben dort- obwohl wir wegfahren.

Und es gibt Dinge an uns, die wir nur dadurch wieder finden können, dass wir dorthin zurückkehren.

Wir reisen zu uns selbst, wenn uns das monotone Klopfen der Räder einem Ort entgegen trägt, wo wir eine Wegstrecke unseres Lebens zurückgelegt haben – wie kurz sie auch sein mag." (Pascal Mercier)

Höre nie auf, Deine Geschichte zu schreiben.
Herzlichst, Dein